essentials

Essentials liefern aktuelles Wissen in konzentrierter Form. Die Essenz dessen, worauf es als „State-of-the-Art" in der gegenwärtigen Fachdiskussion oder in der Praxis ankommt. Essentials informieren schnell, unkompliziert und verständlich

- als Einführung in ein aktuelles Thema aus Ihrem Fachgebiet
- als Einstieg in ein für Sie noch unbekanntes Themenfeld
- als Einblick, um zum Thema mitreden zu können

Die Bücher in elektronischer und gedruckter Form bringen das Expertenwissen von Springer-Fachautoren kompakt zur Darstellung. Sie sind besonders für die Nutzung als eBook auf Tablet-PCs, eBook-Readern und Smartphones geeignet.

Essentials: Wissensbausteine aus den Wirtschafts, Sozial- und Geisteswissenschaften, aus Technik und Naturwissenschaften sowie aus Medizin, Psychologie und Gesundheitsberufen. Von renommierten Autoren aller Springer-Verlagsmarken.

Sammy Wafi · Markus Antonius Wirtz

Visualisierungskompetenz in didaktischen Kontexten

Eine Einführung

Sammy Wafi
Institut für Psychologie
Pädagogische Hochschule Freiburg
Freiburg
Deutschland

Prof. Dr. Markus Antonius Wirtz
Institut für Psychologie
Pädagogische Hochschule Freiburg
Freiburg
Deutschland

ISSN 2197-6708
essentials
ISBN 978-3-658-11133-5
DOI 10.1007/978-3-658-11134-2

ISSN 2197-6716 (electronic)

ISBN 978-3-658-11134-2 (eBook)

Die Deutsche Nationalbibliothek verzeichnet diese Publikation in der Deutschen Nationalbibliografie; detaillierte bibliografische Daten sind im Internet über http://dnb.d-nb.de abrufbar.

Springer VS

Gedruckt auf säurefreiem und chlorfrei gebleichtem Papier

Springer Fachmedien Wiesbaden ist Teil der Fachverlagsgruppe Springer Science+Business Media
(www.springer.com)

Was Sie in diesem Essential finden können

- Überblick über die Bedeutung von Visualisierungskompetenz für Lernprozesse
- Abgrenzung zwischen Visualisierungskompetenz und Lesekompetenz (Reading Literacy)
- theoriebasierte Verankerung von Visualisierungskompetenz
- Grundlagen der Gestaltpsychologie (u. a. nach Wertheimer)
- Ablauf kognitiver Informationsverarbeitung (nach Mayer, Paivio, Schnotz)
- Parallelen zum anglo-amerikanischen Konstrukt der Visual Literacy (nach Debes, Avgerinou) mit disziplinübergreifenden Definitionsansätzen und möglichen Kompetenzausprägungen
- diagnostische Ansätze zum Erfassen von Visualisierungskompetenz im Rahmen empirischer Schul- und Unterrichtsforschung und für individualdiagnostische Fälle
- didaktische Konsequenzen für Anwendungen in Lehr- und Lernumgebungen
- fachspezifische und fächerübergreifende Prinzipien für die Entwicklung adäquater visueller Darstellungen

Inhaltsverzeichnis

Einleitung 1

Visuellen Darstellungen kommt für die menschliche Kommunikation und für die Interaktion mit der Umwelt eine hohe Bedeutung zu. Dies lässt sich an mehreren Aspekten verankern.

Erstens ist es für sehende Menschen eine der frühen Primärerfahrungen, die Umwelt visuell kennenzulernen und zu erfassen. Bildergeschichten und Comics, Zeichen- und Animationsfilme, ikonisierte Darstellungen im Straßenverkehr, etc. haben häufig intuitive Verstehensanteile. Die Fähigkeit zum Umgang mit einfachen, eindeutigen visuellen Darstellungen erfolgt in erster Linie unbewusst – instinkthaft – und ist typischerweise auch vor dem aktiven Erlernen des Lesens und Schreibens von Texten, also der Entwicklung von Lesekompetenz, ausgeprägt. Diese entwicklungspsychologische Sicht lässt sich ergänzen mit historischen Betrachtungen, wonach zehntausende Jahre alte Höhlenmalereien als älteste erhaltene Belege von der Erzeugung visueller Darstellungen und dem visuellen Festhalten der dargestellten Ereignisse zeugen – zu einer Zeit, als die Entwicklung von symbolischer, buchstabenbasierter Schrift im heutigen Sinne noch in weiter Ferne lag. Es kann entsprechend davon ausgegangen werden, dass beim Umgang mit visuellen Darstellungen zumindest teilweise eine grundlegende, intuitive Verarbeitungskomponente involviert ist, die ein formales Erlernen der Fähigkeit nicht immer erfordert.

Zweitens führen die heutigen technischen Möglichkeiten zu einer Vielzahl an medial geprägten Gegebenheiten, die durch Konfrontationen mit komplexen und multimedial eingebetteten Visualisierungen gekennzeichnet sind. Während die geläufige Aussage *„Ein Bild sagt mehr als tausend Worte"* auf eine höhere Informationsdichte oder natürlichere Validität visueller im Gegensatz zu textueller Information hinweist, implizieren visuelle Darstellungen gleichzeitig häufig auch mehr Interpretationsspielraum. Diese Interpretationen sind durch individuelle und kulturelle Vorerfahrungen und Erfahrungswissen mitbestimmt. Entsprechende Visualisierungen sind in vielen Lebens- und Lernsituationen anzutreffen, der

© Springer Fachmedien Wiesbaden 2016
S. Wafi, M. A. Wirtz, *Visualisierungskompetenz in didaktischen Kontexten,*
essentials, DOI 10.1007/978-3-658-11134-2_1

Verarbeitungsprozess bzw. das Verarbeitungsresultat sind aber meist weder als rein intuitiv zu verstehen noch in einem objektiven Sinne beschreibbar.

Drittens kommt dem Umgang mit Medien und medialen Darstellungen ein Stellenwert zu, der für Bildung ebenso wie für die Teilhabe an der modernen Gesellschaft unerlässlich ist. Informationen werden in Schulbüchern und Lehrmaterialien durch visuelle Darstellungen repräsentiert und vermittelt, wissenschaftliche und gesellschaftspolitische Themen visuell aufbereitet, politische Geschehnisse medial präsentiert und Gesellschaftskritik in Karikaturen verarbeitet. Werden die darin enthaltenen Informationen unvollständig oder inkorrekt erfasst und weiterverarbeitet, entsteht ein Informationsrückstand oder eine fehlerhafte Informationsdekodierung. Eine reine Wahrnehmung der Welt durch linguistische und gedruckte Medien würde die eigenen Erfahrungen einschränken und die Ausdrucks- und Interpretationsmöglichkeiten verengen, welche in unserer heutigen zunehmenden visuellen Kultur zur Verfügung stehen (Serafini 2014).

Gemäß der erwähnten (von einer vollständigen Abdeckung weit entfernten) Beispiele existieren zahlreiche verschiedene Ausprägungen und Arten von visuellen Informationsdarstellungen, die im Folgenden trotz ihrer verschiedenen Natur alle unter dem Begriff *Visualisierungen*[1] gefasst werden. Die in diesem Essential betrachteten Visualisierungen dienen der Informationsvermittlung und gehören demnach zu den informierenden Bildern nach Weidenmann (1994). Im Gegensatz zu künstlerischen und unterhaltenden Bildern (wie Illustrationen oder dekorativen Bildern für Motivationszwecke) sind für informierende Bilder zielgruppenspezifische Klarheit und angemessene Zielgruppenorientierung entscheidende Zielkriterien. Im Allgemeinen sind diese Visualisierungen eindeutig in Bezug auf eine intendierte, korrekte Rezeptionsweise.

In diesem Essential werden unter Visualisierungen externale Darstellungen verstanden und – in Abgrenzung dazu – internalen (mentalen) Darstellungen gegenübergestellt. Visualisierungen lassen sich nach Schnotz (2010) unterscheiden in

- *realistische Bilder* (wie Fotos, Skizzen, Bildergeschichten, Piktogramme, Landkarten),
- *Analogiebilder* (Abbildungen in Analogie zum eigentlich Gemeinten, wie ein Herz für die Liebe oder das Marssymbol für den Mann) und
- *logische Bilder* (wie semantische Netze, Baumstrukturen, Flussdiagramme, Kurven).

---

[1] Visualisierung wird in diesem Essential in einem engen Sinn verwendet und als Resultat bzw. Produkt eines Visualisierungsprozesses verstanden. In einem weiter gefassten Verständnis können unter diesem Begriff gleichwohl auch der Prozess der Erzeugung, Interpretation, Verwendung und Reflexion zu visuellen Darstellungen oder entsprechende Fähigkeiten verstanden werden, wie dies z. B. von Arcavi (2003) vertreten wird.

Bezüglich des menschlichen Umgehens mit den entsprechenden Visualisierungen wird die Bezeichnung *Visualisierungskompetenz* verwendet. Sie bezeichnet Fähigkeiten, welche für eine zielführende Nutzung und den produktiven Umgang mit Visualisierungen benötigt werden. Sind diese Fähigkeiten ausgeprägt, werden Lern- und Verstehensprozesse initiiert, bei denen Individuen die präsentierten externalen Darstellungen als Informationsquellen nutzen können um im Arbeitsspeicher Inhalte zu erstellen, deren Kernpunkte anschließend im Langzeitgedächtnis abgelegt werden (können) (Schnotz 2005). Dies beinhaltet basale Wahrnehmungsprozesse ebenso wie die Interpretation von Symbolen und Darstellungskonventionen bis zum Verinnerlichen der Information und dem Aufbau internaler (mentaler) Repräsentationen. Dabei kommen zum Teil nicht bewusst erlernte Fähigkeiten zum Einsatz, welche durch einen kulturellen Prozess erworben wurden. Da es in Bezug auf die Entwicklung von Visualisierungskompetenz keine offensichtliche Grenze zwischen nicht vorhandener und vorhandener Kompetenz gibt – Lesekompetenz muss im Gegensatz dazu aktiv und bewusst erlernt werden –, sind die Übergänge zwischen allen Kompetenzausprägungen fließend.

Zahlreiche empirische Untersuchungen im Bildungssystem, allen voran die PISA-Studie, basieren darauf, dass es sich bei Lesekompetenz um eine der wichtigsten Voraussetzung für schulischen und beruflichen Erfolg sowie für die Teilhabe an der Gesellschaft handelt. Das Wissen über die Bedeutung und die Fähigkeiten zur *visuellen* Informationsvermittlung und -erfassung ist in der Bildungsdebatte nicht gleichermaßen ausgeprägt, weder im deutschsprachigen noch internationalem Raum (Mayer 2014). Insbesondere fehlen eine strukturierte Sammlung von Strategien und eine umfassende fachdidaktische und disziplinübergreifende Theorie zu Visualisierungskompetenz, welche für ein didaktisches System des Lehrens und Lernens von Visualisierungskompetenz dienen könnte. Zwar werden einerseits entsprechende Prozesse bei der Nutzung von Visualisierungen themenspezifisch im Rahmen lokaler Theorien bearbeitet (im Falle von Mathematik beispielsweise im Rahmen von Visualisierungen zu Zahlen, Brüchen, Wahrscheinlichkeiten, Funktionen) und andererseits fachspezifische Kompetenzen allgemein und Lesekompetenz im Besonderen in den jeweiligen Unterrichtsfächern vermittelt. Visualisierungskompetenz wird jedoch im nationalen Bildungssystem nur bezüglich der ästhetischen Komponente im Kunstunterricht gezielt unterrichtet. Nichtsdestoweniger sind Visualisierungen heute in einen Kontext vielfältiger, multimedialer Lernumgebungen eingebettet. Damit verbunden ist die Erwartung und Hoffnung auf einen verbesserten Wissenserwerb aufgrund auditiver, visueller und audio-visuelle Wahrnehmungen. Um insbesondere für Lernprozesse effektiv zu sein, müssen verschiedene Aspekte berücksichtigt werden, die im Verlauf dieses Essentials weiter beschrieben sind.

An dieser Stelle soll auch darauf verwiesen werden, dass der häufig im Kontext von Visualisierungen verwendete *Multimedia*-Begriff sich auf verschiedene Konzepte auf unterschiedlichen Ebenen beziehen kann. Schnotz und Mayer unterscheiden drei Ebenen (Mayer 2005; Schnotz 2005): i) technologisch, ii) in Bezug auf Präsentationsformate und iii) in Bezug auf Sinnesmodalitäten. Technologisch betrachtet werden zur Übermittlung von Informationen verschiedene Geräte wie Computer, Bildschirme und Lautsprecher verwendet. Auf Ebene der Präsentationsformate werden unterschiedliche Repräsentationsformen eingesetzt, wie Texte und Bilder. Bezüglich der Sinnesmodalitäten werden verschiedene Sinne und Sinnesorgane eingesetzt, wie Augen, Ohren oder Fingerspitzen (Tastsinn zum Lesen der Brailleschrift). Während die technologische Sicht in der Praxis zweifelsohne wichtig ist, ist das Interesse an ihr aus psychologischer Sicht begrenzt, da Verstehen an sich nicht fundamental verschieden verläuft, wenn die gleichen Inhalte auf Bildschirmen, auf Postern, in Büchern oder auf Folien präsentiert werden – vielmehr hängt Verstehen (engl. comprehension) davon ab, welche Informationen auf welche Weise präsentiert werden (Schnotz 2005).

Kognitionspsychologischer Hintergrund 2

Die Wahrnehmung und Erfassung visueller Informationen unterscheiden sich grundlegend von denjenigen bei verbaler und textueller Informationen. Letztere verwenden existierende, kulturell abhängige Verarbeitungsregeln – im westlichen Kulturkreis beispielsweise die sequentielle Herangehensweise an einen Text ebenso wie seine Verarbeitungsweise von oben nach unten und von links nach rechts. Hingegen sucht man bei visuellen Informationen häufig nach Beziehungen temporaler, räumlicher oder herausstechender Natur, ohne dass generalisierbare Regeln vorhanden wären (Seels 1994). Für die Entwicklung und Vermittlung visueller Informationen ist deswegen ein Verständnis der kognitionspsychologischen Verarbeitungsprozesse zentral. Einblicke in ablaufende visuelle Prozesse liefern die folgenden theoretischen Grundlagen und kognitionspsychologischen Hintergründe zum Umgang mit visuellen Darstellungen, deren wesentliche Merkmale im Folgenden beschrieben werden: die Theorie des Sehens und Verbindens visueller Stimuli bei der Gestaltpsychologie, die Theorien der kognitiven Informationsverarbeitung sowie das Konzept der Visual Literacy. Letzteres hebt die Kompetenz- und Fähigkeitsorientierung des Themas hervor.

2.1 Gestaltpsychologie – Theorie des Sehens, Erkennens und Verbindens visueller Stimuli als Wahrnehmungsorganisation

Grundlegende Aspekte der Wahrnehmung visueller Stimuli sind im Rahmen der Gestaltpsychologie seit mehr als 100 Jahren beschrieben und erforscht worden. Als Anfang der Gestaltpsychologie ist weithin ein Artikel von Max Wertheimer 1912 anerkannt, der in der Folgezeit die Berliner Schule begründete (Wagemans et al. 2012a). Die Gestaltpsychologie behandelt Erkenntnisprozesse als

© Springer Fachmedien Wiesbaden 2016
S. Wafi, M. A. Wirtz, *Visualisierungskompetenz in didaktischen Kontexten*, essentials, DOI 10.1007/978-3-658-11134-2_2

Strukturierungsprozesse: Menschen gewinnen Erkenntnisse aus ihrer Fähigkeit, Strukturen und Ordnung zu bilden. In der Gestaltpsychologie wird der grundsätzlichen Frage nachgegangen, wie der Mensch bildliche Elemente zu komplexen, bedeutungsvollen Wahrnehmungseinheiten zusammensetzt, d. h. wie Quantität (externe Sinneseindrücke) in Qualität (Bedeutung bis zu ästhetischer Wertschätzung) umgewandelt wird (Barry 1994). Unter bestimmten Bedingungen werden die einzelnen Teile visueller Stimuli als einander zugehörend empfunden und erscheinen verbunden und geordnet. Die damit zusammenhängenden Strukturierungs- und Organisationsprozesse sind wesentliche Voraussetzungen, die es ermöglichen, Einheiten, Formen, Oberflächen, Objekte und Anordnungen von Objekten (insbes. dreidimensional-räumliche Staffelung) zu identifizieren und die Umgebung oder präsentierte Visualisierungen wahrzunehmen und zu verstehen.

Gestalt

Als *Gestalt* wird eine Einheit verstanden, die als Gesamtheit erkannt oder empfunden wird und die aus der wahrgenommenen Integration elementarer Teile – *visueller Stimuli* – besteht. Gestalt entsteht, wenn sich einzelne bildliche Elemente zu einem neuen wahrgenommenen Gesamtobjekt zusammensetzen. Dies wurde im tonalen Kontext bereits 1890 als erstes anschaulich durch Christian von Ehrenfels (Ehrenfels 1988) beschrieben: basierend auf der Beobachtung, dass Menschen zwei Melodien als identisch erkennen, auch wenn sie keine gemeinsamen Töne (auf gleichen Frequenzen) enthalten, offenbart sich die Bedeutung von Gestalt nach Ehrenfels: Sie liegt in der Wahrnehmung, dass die Teile eines Ganzen zwar seine Grundlage sind, das Ganze aber *mehr* als die Summe seiner Teile ist. Dies liegt vor allem in der Empfindung (engl. sensation) des Ganzen begründet. Dies lässt sich neben Melodien auch für Flächen und räumliche Formen beschreiben, wobei sich diese insofern einfacher präsentieren, als dass alle Bestandteile simultan dargestellt sind und nicht der Vergänglichkeit wie bei Tönen einer Melodie unterliegen[1].

Wertheimer entwickelte dieses Verständnis weiter und konkretisierte seine Sicht durch die Feststellung, dass funktionale Beziehungen bestimmen, was im Sinne einer reziproken Abhängigkeit als Ganzes und was als Teile erscheint (Wagemans et al. 2012a). Oft sei das Ganze erfasst, bevor man sich der einzelnen Teile bewusst wird. Gestalten sind demnach *anders* – nicht notwendigerweise *mehr* – als die Summe ihrer Teile. Anschaulich wird dies bei der Vorstellung, dass ein Strichmännchen als vereinfachte Repräsentation einer Person qualitativ anders und bedeutungsvoller ist als dies die isolierte Wahrnehmung eines Kreises, eines lan-

---

[1] Wie von der deutschstämmigen US-amerikanischen Psychologin Susanne Langer 1951 formuliert, sind verbale Sprachen sequentieller Natur und visuelle Sprachen simultaner Natur (nach Seels 1994).

gen Striches und vier kurzer Striche vorgibt. Vielmehr wird die Gesamtheit dieser einfachen Formen als eindrückliches visuelles Gesamtelement wahrgenommen. In diesem Fall überlagert die Wahrnehmung und Bedeutung des Gesamtelements die Wahrnehmung der einzelnen Bestandteile. Mit den Worten Wertheimers ausgedrückt: „*There are wholes, the behavior of which is not determined by that of their individual elements, but where the part-processes are themselves determined by the intrinsic nature of the whole. It is the hope of Gestalt theory to determine the nature of such wholes*"[2] (Wertheimer 1925, S. 41).

Gestaltgesetze

Herzstück der Gestaltpsychologie sind die Gestaltgesetze bzw. *Gestaltprinzipien.* Sie beschreiben, nach welchen Prinzipien Kohärenzen in der Wahrnehmung von Elementen und Bestandteilen bildlicher Darstellungen erfolgen, unter welchen Voraussetzungen also Gestalt wahrgenommen wird. Die Gruppierungsprinzipien durchdringen alle Wahrnehmungserfahrungen, da sie die Objekte und Teile bestimmen, die wir in der Umgebung wahrnehmen (Wagemans et al. 2012a). Dazu gehören die folgenden, auch in Abb. 2.1 dargestellten, Prinzipien: Nach dem *Prinzip der Nähe* werden Einzelelemente als zusammengehörend empfunden, wenn sie sich nah beieinander befinden. Geringer Abstand zwischen Elementen erhöht die Wahrscheinlichkeit, dass diese als Gruppe wahrgenommen werden. So werden dieselben Elemente je nach Anordnung beispielsweise fünf Gruppen à drei Elemente oder als drei Gruppen à fünf Elemente verstanden. Nach dem *Prinzip der Ähnlichkeit* entstehen Gruppierungen auch durch Elemente mit ähnlichen Eigenschaften wie Form, Helligkeit, Farbe, Textur, Größe etc. Nach dem *Prinzip der Verbundenheit* werden miteinander verbundene Elemente wahrscheinlicher als zusammengehörig empfunden als nicht verbundene Elemente. Ebenso werden Elemente innerhalb definierter Bereiche als zusammengehörig empfunden (*Prinzip der gleichen Bereiche*) und es entstehen Zusammengehörigkeiten bei (auch angedeuteten) Bewegungen in die gleiche Richtung (*Prinzip des gemeinsamen Schicksals*), bei sich überschneidenden Formen, welche auch an den Schnittpunkten als vollständig wahrgenommen werden (*Prinzip der Fortführung*), beim Wiedererkennen von Bekanntem (*Prinzip der Vertrautheit*) sowie bei symmetrischen Elementen (*Prinzip der Symmetrie*). Dabei können einzelne Prinzipien dominant gegenüber anderen sein und Elemente z. B. trotz größerer Entfernung voneinander (entgegen des Prinzips der Nähe) aufgrund des Symmetrie- und Geschlossenheitsprinzips als zusammengehörend empfunden werden.

---

[2] Gestalttheorie ist eine Erweiterung der Gestaltpsychologie in Bezug auf andere Disziplinen und Kontexte über die Wahrnehmung hinaus. Sie wurde z. B. für Emotionen und Handlungen, in der Neuropathologie, in Bezug auf den Organismus als Ganzes oder in der Filmtheorie und Ästhetik angewendet (Wagemans et al. 2012a).

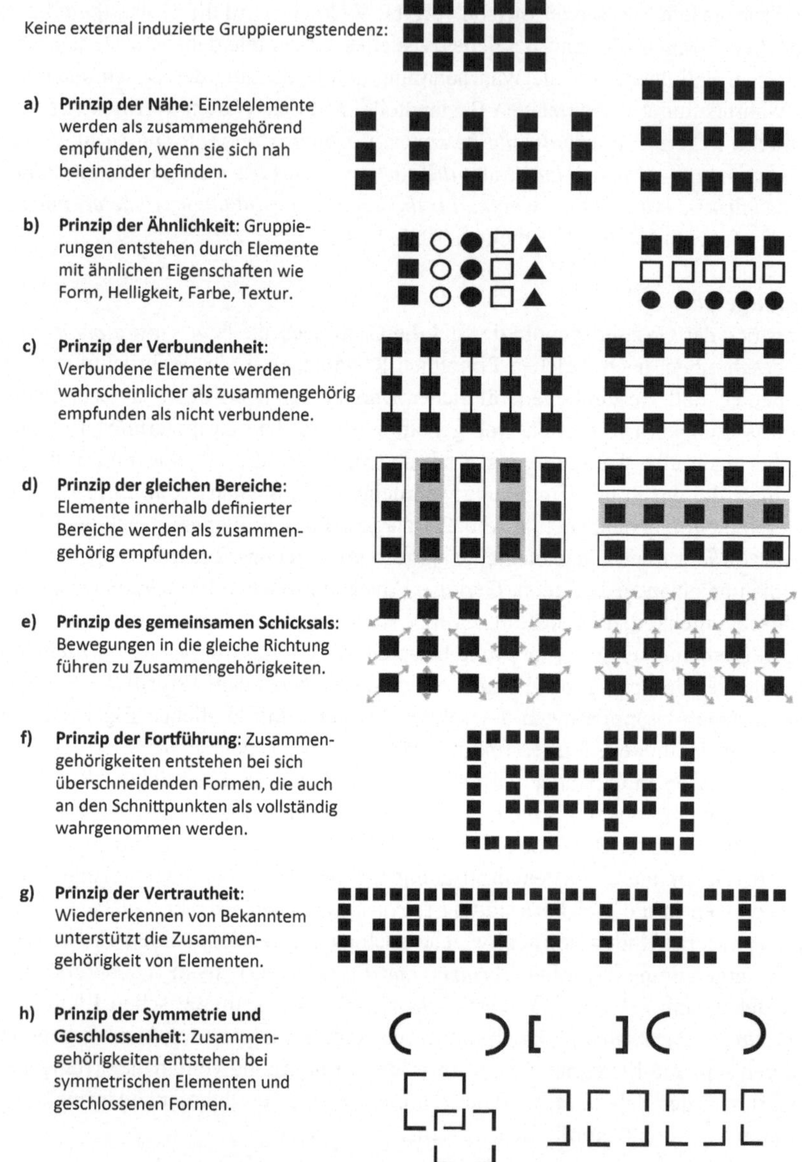

Abb. 2.1 a–h Gestaltprinzipien der Gruppierung

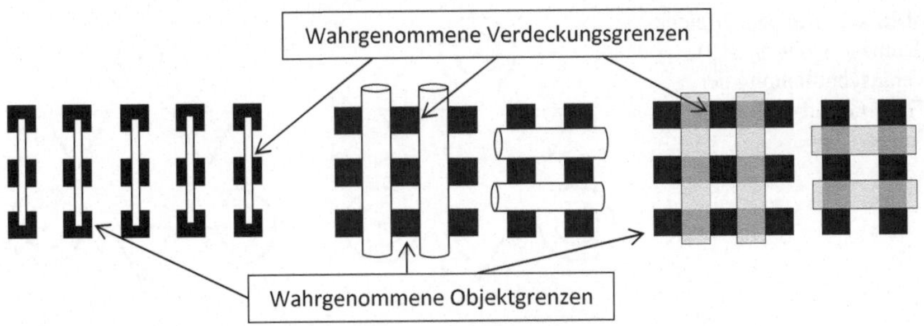

Abb. 2.2 Mentale Vervollständigung von Objektgrenzen

Neben diesen grundlegenden Gruppierungsprinzipien gibt es weitere Reorganisations- und Interpretationsprozesse als Reaktion auf visuelle Stimulierungen, insbesondere modale und amodale Vervollständigungen[3] sowie Kontureninterpolation und -extrapolation. So muss das menschliche Sehsystem beispielsweise entscheiden, ob Grenzmarkierungen in einem Bild tatsächliche Konturen von Objekten und damit Abgrenzungen vom Hintergrund sind oder ob die Grenzen aufgrund von Objektverdeckungen entstehen und wie diese Verdeckungen gegebenenfalls mental zu vervollständigen sind (Abb. 2.2). Dies gilt gleichermaßen für zweidimensionale wie dreidimensionale Visualisierungsobjekte, wobei bei letzteren eine Tiefenperspektive und auch räumliches Vorstellungsvermögen einzubringen sind.

Die Wahrnehmung kann dazu führen, dass nicht abgebildete Information sichtbar wird (durch Scheinkonturen oder -formen sowie durch modale Vervollständigung), ebenso wie existierende Information aufgrund von Verdeckungen unsichtbar wird (fehlende Teile, amodale Vervollständigung). Anschaulich wird dies bei Betrachten des *Kanizsa-Dreiecks* (Kanizsa 1979) in Abb. 2.3. Bei der linken Abbildung scheinen nicht vorhandene Konturen (Täuschungskonturen, engl. illusory contours) ein in der Reizvorlage nicht vorhandenes Dreieck (Täuschungsdreieck) zu begrenzen. Das Täuschungsdreieck erscheint dabei heller als die farblich identische Umgebung (Täuschungskontrast) und seine Wahrnehmung wird durch induzierende Elemente ausgelöst, die teilweise als verdeckt empfunden werden (im Sinne der amodalen Vervollständigung). Das Täuschungsdreieck scheint dabei vor

---

[3] *Amodale* Vervollständigung beschreibt das mentale Formen des Gesamtobjekts, wenn nur Teile einer Figur von den Sinnesorganen wahrgenommen werden; *modale* Vervollständigung bezeichnet das verwandte Phänomen, dass eine Form wahrgenommen wird, die nicht vorliegt, aber durch die Anordnung anderer Figuren, die als Hintergrund wahrgenommen werden, hervortritt (optische Täuschungen wie beim Kanizsa-Dreieck).

Abb. 2.3 Kanizsa-Dreieck
(Kanizsa 1979, S. 219),
Veranschaulichung der
Figur-Grund-Unterschei-
dung

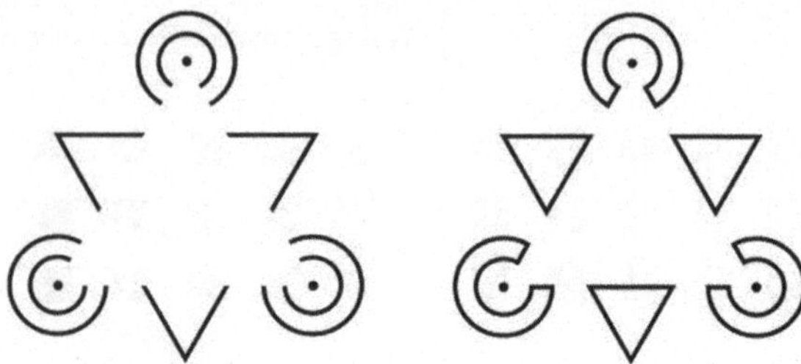

der Bildebene mit den induzierenden Bildelementen zu liegen. Anders verhält sich dies rechts in Abb. 2.3, wo trotz aller Ähnlichkeit zur linken Abbildung vielmehr sechs einzelne Formen vor einem einheitlichen Hintergrund wahrgenommen werden.

Zusammenfassend werden durch die Gestaltpsychologie grundlegende Vorgänge und Verarbeitungsprozesse beim Wahrnehmen, Erfassen und Verstehen visueller Darstellungen beschrieben. Diese sind allgemein gültig und differenzieren in ihren Ausprägungen nicht bei verschiedenen Menschen. Die Gestaltpsychologie beschränkt sich auf die deskriptive Behandlung des Erkennens (engl. recognize) und Zusammensetzens (engl. assemble) von Formen und Strukturen, behandelt aber nicht ihre Interpretation oder mentale Verankerung. Werden Visualisierungen als Mittel zur Unterstützung von Lernprozessen eingesetzt, ermöglichen die Gestaltprinzipien und die kognitive Wahrnehmung und Informationsverarbeitung nach der Gestaltpsychologie eine zielführende Orientierung und Grundlage für die Erstellung von Visualisierungen und das Anordnen von enthaltenen Einzelelementen. Einen umfassenden Überblick über den aktuellen Stand der Forschung im Bereich der Gestaltpsychologie liefern Wagemans et al. (2012a, 2012b).

2.2 Kognitive Informationsverarbeitung – Visuelle Kognition und mentale Verarbeitung von Visualisierungen

Eine grundlegende Annahme der Forschung zu visuellem Lernen ist, dass das Einbeziehen von Erkenntnissen über die kognitive Informationsverarbeitung besseres und bedeutsameres Lernen ermöglichen kann. Bei der menschlichen Informationsverarbeitung erfolgt ein komplexes Wechselspiel von Einzelabläufen (Mayer 2005): von der Registrierung und Wahrnehmung der Stimuli der Umgebung, ihrer Verarbeitung innerhalb des Arbeitsgedächtnisses bis hin zu den anschließenden Reaktionen und der möglichen Verankerung der Inhalte im Langzeitgedächtnis.

Repräsentierte Informationen müssen dabei für die zentrale Informationsverarbeitung in geeignete Codes übergeführt werden – ein Prozess, der mit Rückmeldung zum und vom Langzeitgedächtnis vonstattengeht. Die Übergänge zwischen den Einzelabläufen, z. B. zwischen Perzeption (Wahrnehmung) und Kognition (Erkennen), sind fließend.

Die menschliche Verarbeitung beim Umgang mit Visualisierungen ist in Form verschiedener, aufeinander aufbauender Theorien beschrieben. Sie stellen die ablaufenden Verarbeitungsprozesse dar und behandeln, wie mentale Abbildungen und internale Repräsentationen von Sprache, Text und Bildern erstellt werden. Die wichtigsten und für das visuelle Lernen besonders relevanten Theorien der kognitiven Informationsverarbeitung werden im Folgenden vorgestellt: die Theorie der dualen Kodierung nach Allan Paivio, die Multimediatheorie nach Richard Mayer (aufbauend auf der Cognitive Load Theory von John Sweller) sowie die Text-Bild-Integration nach Wolfgang Schnotz.

Theorie der dualen Kodierung und Cognitive Load Theory
Gemäß der Theorie der *dualen Kodierung nach Paivio* werden bei Visualisierungen andere Verarbeitungskanäle als beim Text- und Hörverstehen angesprochen. Nach dieser Theorie sind bei der kognitiven Informationsverarbeitung zwei Subsysteme involviert: ein verbales System für den Umgang mit Sprache und ein nonverbales (bildliches) System für den Umgang mit nichtsprachlichen Objekten und Gegebenheiten (Paivio 1986). Entsprechend lassen sich verbale und nonverbale Codes unterscheiden. Verbale Codes sind mentale Repräsentationen sichtbarer Schriftsprache (Texte), hörbarer Sprache oder tastbarer Sprache (Blindenschrift), wobei einzelne verbale Verarbeitungseinheiten „logogens" genannt werden. Nonverbale Codes sind mentale Repräsentationen von sichtbaren Gegenständen ebenso wie von Geräuschen, Tast-, Geschmacks- und Geruchseindrücken; die nonverbalen Verarbeitungseinheiten werden als „imagens" bezeichnet. Die Hypothese mehrerer Kanäle bei der Verarbeitung stützt auch Baddeleys Arbeitsgedächtnismodell, welches in den 1970er Jahren in Bezug auf das Kurzzeitgedächtnis entwickelt und empirisch untersucht wurde: demnach ist es möglich, mehrere Aufgaben verschiedenen Typs (wie komplexe Rechenaufgaben und Erinnerungsaufgaben von Wortreihen) gleichzeitig auszuführen, jedoch nicht mehrere Aufgaben gleichen Typs (wie mehrere visuelle Aufgaben) (Mayer 2005).

Ende der 1980er Jahre wurde die *Cognitive Load Theory von Sweller* entwickelt. Wenngleich sie nicht spezifisch die Verarbeitung von Visualisierungen behandelt, fokussiert sie allgemeine Lernbedingungen und Lernprozesse. Gemäß der Cognitive Load Theory ist davon auszugehen, dass Lernen dann am effektivsten funktioniert, wenn die Lernbedingungen im Einklang mit dem menschlichen kognitiven System stehen (Sweller 2005). Dafür essentiell ist der Aufbau von Strukturen im (Langzeit-)gedächtnis, sogenannten Schemata. Cognitive Load bezeichnet die Belastung, welche aufgrund präsentierter (Lern-)Information auf dem Arbeitsgedächtnis liegt. Die Tatsache, dass Menschen nur eine beschränkte Kapazität des Arbeitsgedächtnisses aufweisen, limitiert die Menge der Information, die je Verarbeitungskanal gleichzeitig verarbeitet werden kann. Bei der Konfrontation mit Illustrationen oder Animationen können Lernende beispielsweise zeitgleich nur wenige Bilder im Arbeitsgedächtnis halten; sie stellen Teile des präsentierten Materials (statt einer genauen Kopie) dar. Die Kapazität des Kurzzeitgedächtnisses liegt für die meisten Menschen bei fünf bis sieben Informationseinheiten[4], so genannten „Chunks" (Mayer 2005). Je höher die Kurzzeitgedächtniskapazität, desto komplexere Denkaufgaben sind möglich. Im Rahmen der Cognitive Load Theory und basierend auf den kognitiven Strukturen wurden Prinzipien formuliert, nach welchen Lernumgebungen gestaltet sein sollen, um effektives Lernen zu ermöglichen. Ein Beispiel ist das Prinzip der geteilten Aufmerksamkeit (engl. split-attention), welches beschreibt, dass das Arbeitsgedächtnis einbezogen werden muss, um eine mentale Integration mehrerer getrennt präsentierter Informationsquellen zu erreichen. In diesem Fall ist aufgrund des Aufmerksamkeitswechsels die extrinsische Belastung erhöht und es ist davon auszugehen, dass bei der Lernleistung Einbußen zu verzeichnen sind.

Theorie des Multimedialernens nach Mayer
Auf diesen Theorien baut *Mayers Theorie des Multimedialernens* (cognitive theory of multimedia learning CTML) von 2005 auf. Sie integriert die Erkenntnisse der Theorie der dualen Kodierung nach Paivio und der Cognitive Load Theory nach Sweller und fügt sie unter Hinzunahme weiterer Prinzipien zu einer fundierten Beschreibung der Prozesse beim Lernen mit multimedialen Inhalten zusammen. Als multimediale Lerninhalte versteht Mayer Formen der Kommunikation, welche Wörter und Bilder mit dem Ziel der Lernunterstützung enthalten, unabhängig vom Kommunikationsmedium (Mayer 2005). Dazu zählen Inhalte auf Papier, auf dem Computer, aus Erzählungen, statische und dynamische Grafiken, Animationen, Videos etc. (Mayer 2014). Die grundlegende Annahme der Multimedialerntheorie ist, dass ein positiver Zusammenhang zwischen dem (gezielten) Einsatz von Bildern und dem Lerneffekt bestehen kann: „People can learn more deeply from words and pictures than from words alone" (Mayer 2014, S. 1).

---

[4] Als klassische Methode zur Messung der kognitiven Kurzzeitkapazität werden Gedächtnisspanntests eingesetzt. Testpersonen werden gebeten, beispielsweise eine vorgelesene Liste von Ziffern oder eine gezeigte Liste von Zeichnungen zu wiederholen. Die längste Liste, welche korrekt wiederholt werden kann, entspricht der Gedächtnisspanne für Ziffern bzw. Abbildungen.

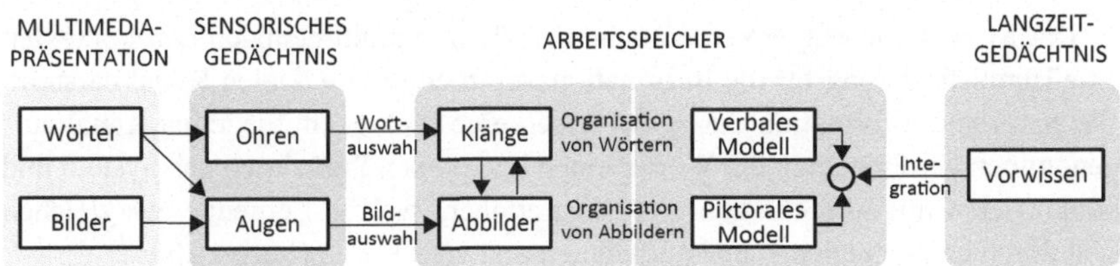

Abb. 2.4 Mayers kognitive Theorie des Multimedialernens (Mayer 2005, S. 37, übersetzt aus dem Englischen). Bei der Verarbeitung von Bildern wird nur der untere Pfad durch die kognitiven Strukturen benötigt, bei gesprochener Sprache nur der obere Pfad und bei gedrucktem Text Teile des oberen und des unteren Pfades (von über die Augen aufgenommenen Wörtern hin zu Abbildern und Klängen sowie zum verbalen Modell und dessen Integration mit dem Vorwissen)

Die Theorie des Multimedialernens nach Mayer baut auf den eingeführten kognitiven Prinzipien des Lernens auf: der menschlichen Informationsverarbeitung in dualen Kanälen für verbale und bildliche Lerninhalte und Verarbeitung sowie der beschränkten Kapazität jedes Verarbeitungskanals. Zudem erachtet Mayer das aktive Lernen als eine essentielle Komponente zum Aufbau mentaler Repräsentationen. Aktives Lernen beinhaltet, dass während des Lernens koordinierte kognitive Prozesse zur Strukturierung und Modellbildung ablaufen: sich relevanter Information zuwenden, ausgewählte Informationen in kohärente mentale Repräsentierungen überführen und mentale Repräsentationen mit Vorwissen integrieren (Mayer 2005). Die Lerninhalte werden also nicht passiv aufgenommen und zur späteren Verarbeitung abgelegt, sondern stattdessen machen fünf aktive kognitive Prozesse, welche auch in Abb. 2.4 dargestellt sind, multimediales Lernen aus: 1) die Auswahl relevanter Wörter aus einem Text oder von Erzählungen, 2) die Auswahl relevanter Bilder aus Illustrationen, 3) die Organisation der ausgewählten Wörter in eine kohärente verbale Repräsentation, 4) die Organisation der ausgewählten Bilder in eine kohärente bildliche Repräsentation sowie 5) die Integration der verbalen und bildlichen Repräsentationen mit dem Vorwissen (Mayer 2005). Durch diese sich wiederholenden und nicht notwendigerweise sequentiell ablaufenden Prozesse erfolgt der Aufbau von Wissensstrukturen (insbesondere durch Vergleiche, Generalisierungen, Klassifikationen, Aufzählungen).

In Bezug auf didaktische Betrachtungen sollten diese Prozesse durch multimediale Lernkontexte unterstützt werden, bei welchen das präsentierte Material eine kohärente Struktur aufweist und die Lerninstruktionen die Lernenden in der Bildung der Strukturen anleiten. Fehlt den Materialien eine kohärente Struktur, beispielsweise bei Ansammlung isolierter Fakten, werden die Lernaktivitäten wenig fruchtbar sein, und fehlen angemessene Anleitungen, so kann der Lernende beim Aufbau der internalen Strukturen überwältigt werden (Mayer 2005).

Das Modell von Mayer verdeutlicht, dass Text in multimedialen Lernkontexten eine Herausforderung für die Informationsverarbeitung im dualen Kanal darstellt: Wenn verbale Information durch das Lesen eines Textes im visuellen Kanal aufgenommen wird, nehmen die Wörter einen komplexen Pfad durch das System und konkurrieren mit Abbildungen und Illustrationen, welche Lernende zur gleichen Zeit durch den visuellen Kanal aufnehmen und verarbeiten (Mayer 2005).

Integratives Modell der Text-Bild-Verarbeitung nach Schnotz
Dieser Aspekt der gemeinsamen Aufnahme von textueller und bildlicher Information wurde durch Schnotz und Bannert vertieft untersucht. Die Resultate sind im *integrativen Modell der Text-Bild-Verarbeitung* erfasst (Schnotz 2002, 2010; Schnotz und Bannert 2003). Schnotz hebt die Bedeutung des kombinierten Verstehens von Text und Bildern hervor. Ebenso wie bei Mayer werden in diesem Modell zwei Verarbeitungskanäle fokussiert, wobei bei Schnotz die Ebene der Wahrnehmung (Informationsübertragung zwischen der Umwelt und dem Arbeitsspeicher) und die Ebene der kognitiven Informationsverarbeitung (Informationsverarbeitung innerhalb des Arbeitsspeichers und Austausch zwischen Arbeitsspeicher und Langzeitgedächtnis) betont werden. Auf Ebene der Wahrnehmung spricht Schnotz von auditiven und visuellen Kanälen, auf Ebene der kognitiven Informationsverarbeitung von verbalen und bildlichen (engl. pictoral) Kanälen. Gedankliche Filter wählen dabei Informationen aus und leiten sie in die richtigen Kanäle zum Arbeitsspeicher weiter.

Das Modell von Schnotz weist deutliche Ähnlichkeit zum Modell von Mayer auf und fokussiert eine Anzahl kognitiver Prozesse mit ähnlicher Bedeutung, aber anderen Bezeichnungen: die Auswahl von Wörtern und Bildern werden als subsemantische Verarbeitung und Wahrnehmung bezeichnet, die Organisation von Wörtern und Bildern als semantische Verarbeitung und thematische Auswahl und die Integration als Modellkonstruktion. Beim Verstehen eines Bildes müssen vom Lernenden mehrere mentale Repräsentationen erstellt werden: der Lernende erstellt zunächst eine Wahrnehmungsrepräsentation (engl. perceptual representation) des Bildes und konstruiert anschließend ein mentales Modell des Bildinhalts (Schnotz 2005). Ein Unterschied zum Modell von Mayer ist, dass Mayer die Konstruktion eines verbalen mentalen Modells und eines bildlichen mentalen Modells vorsieht, die integriert werden müssen. Das integrative Modell nach Schnotz hingegen nimmt an, dass nur ein mentales Modell erstellt wird, das Informationen aus verschiedenen Quellen von Beginn an integriert.

Fazit
Abgesehen von diesem Unterschied lässt sich festhalten, dass die präsentierten Theorien starke Parallelen aufweisen, einander referenzieren und teilweise integrieren und insgesamt als kompatibel gelten. Zentral ist das menschliche Informa-

tionsverarbeitungssystem, welches getrennte Kanäle für die verbale und visuelle Informationsverarbeitung enthält und durch Beschränkungen der Kanalkapazitäten sowie durch erforderliche koordinierte kognitive Prozesse in jedem Kanal geprägt ist, um aktives Lernen zu ermöglichen. Auch kommen in allen Modellen den einzelnen Teilen des Gedächtnisses unterschiedliche Aufgaben zu: das sensorische Gedächtnis (Bezeichnung nach Mayer) speichert Bilder, Text und Sprache nach ihrer Wahrnehmung sehr kurzzeitig, das Arbeitsgedächtnis hält – mit beschränkter Kapazität – Bilder, Laute und Text über einen bestimmten Zeitraum im aktiven Bewusstsein und das Langzeitgedächtnis speichert das neue Wissen eingegliedert in bestehenden Strukturen über lange Zeiträume ab. Nicht alle Aspekte der Theorien sind bis heute empirisch ausreichend belegt. Dies betrifft sowohl Einzelaspekte der Theorien (wie das Maß der kognitiven Belastung von Lehrinhalten oder die Gestalt mentaler Modelle) als auch ihre Gesamtheit (Prozessabläufe). Dennoch dienen sie insbesondere bei der Ausgestaltung von Lernmaterialien und Lernumgebungen als wertvolle Orientierungsgrundlage.

2.3   Visual Literacy – Disziplinspezifische und -übergreifende Kompetenzen im Umgang mit visuellen Darstellungen

Für die Betrachtung von Visualisierungskompetenz, d. h. verschieden starken Ausprägungen von Fähigkeiten im Umgang mit Visualisierungen, ist der Begriff der *Visual Literacy* von großer Bedeutung. Im angloamerikanischen Raum hat Visual Literacy eine längere Forschungstradition seit der Verwendung dieses Begriffs durch John Debes im Jahr 1969, wobei insbesondere die Publikationen der International Visual Literacy Association (IVLA) hervorzuheben sind. Gemeinhin wird die Ansicht vertreten, dass sich Visual Literacy neben Verbal Literacy in einen Kanon verschiedener Kompetenzen (wie media literacy, computer literacy, technological literacy, aesthetic literacy, etc.) einreiht, die von gebildeten Bürgern verlangt werden (Seels 1994). Die ersten Arbeiten zu Visual Literacy (Debes 1970; Fransecky und Debes 1972; Dondis 1973; Curtiss 1987) beschränkten sich dabei auf die Betrachtung von Skizzen und Bildern (oft im Kontext von Kunst); Diagramme oder andere Darstellungen von Daten fanden (noch) keine Betrachtung.

Definition von Visual Literacy

Als ursprüngliche und bewusst vorläufige Definition nach Debes bezeichnet Visual Literacy eine Gruppe von Kompetenzen, die es einer Person ermöglichen, sichtbare Handlungen, Gegenstände und Symbole zu unterscheiden und interpretieren, um mit anderen kommunizieren sowie Werken Verständnis und Wertschätzung entgegenbringen zu können (Debes 1970). Dies geschieht unter Einbeziehung verschiedener Sinneswahrnehmungen. Die zu Visual Literacy gehörenden Zielfähigkeiten werden illustriert als Lesen, Planen und Erzeugen von Visualisierungen sowie Kombinieren von Visualisierungen und Verbalisierungen für zielgerichtete Kommunikation (Fransecky und Debes 1972). Ebenso gehören Übersetzungsfähigkeiten zwischen visuellen und verbalen Darstellungen sowie die Fähigkeit zur Verwendung von Werkzeugen für visuelle Kommunikation (wie Kameras) und kritische Betrachtungsfähigkeit dazu. Laut Fransecky und Debes sei die Herausbildung dieser Kompetenzen für das menschliche Lernen (1972) fundamental.

In der Folgezeit wurde der Begriff weiter gefasst und verschieden abgegrenzt. Wileman (1993) spricht bei Visual Literacy von der Fähigkeit „to ‚read‘, interpret, and understand information presented in pictorial or graphic images" (S. 114). Er sieht Visual Literacy als rezeptive Gegenkomponente zum produktiven Visuellen Denken, d. h. der Fähigkeit, Informationen jeglicher Art in Bilder, Grafiken oder andere Formen zu übertragen. Die rezeptiv-orientierten Fähigkeiten können verschiedene Gestaltungsformen aufweisen und reichen von der Erfassung der wortwörtlichen Bedeutung einer Visualisierung bis zu ihren Implikationen, Interpretationen und einer kritischen Einordnung über die abgebildete Information hinaus (Seels 1994). Visuelle Kompetenzen und visuelles Denken werden als besonders essentiell für Kreativität und Problemlöseprozesse erachtet. *Visuelles Denken* als mentaler Prozess fokussiert dabei stärker die internale Komponente der Kompetenz (vgl. Gestaltpsychologie), während *visuelles Kommunizieren* die externale Komponente und Interaktion mit anderen im Zentrum hat (Seels 1994). Beim *visuellen Lernen*, d. h. Lernen mit und von Visualisierungen, sind beide Komponenten vorhanden (vgl. Abb. 2.5).

Zwar konnte bis heute keine einheitliche und übergreifende Definition von Visual Literacy ermittelt werden (Avgerinou und Ericson 1997; Avgerinou 2001; Brill et al. 2007; Serafini 2014), was in erster Linie der Vielfalt an Disziplinen geschuldet ist, welche diesen Begriff verwenden (wie z. B. Naturwissenschaft, Wirtschaft, Linguistik und Psychologie), und gleichzeitig kein erklärtes Ziel ist (schon Dondis verwies 1973 auf eine nicht erstrebenswerte Überdefinition des Begriffs). Dennoch

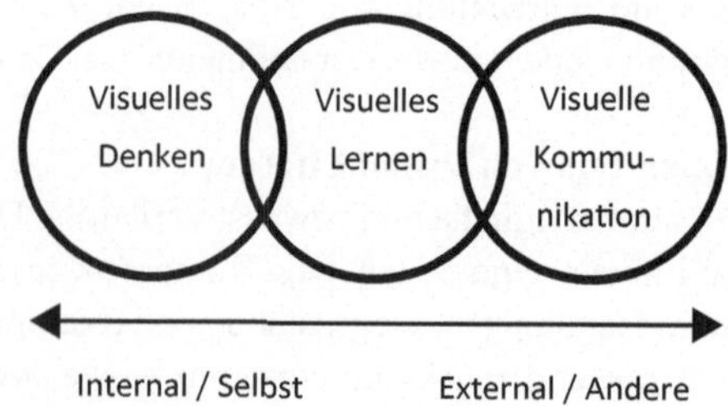

Abb. 2.5 Visual Literacy Kontinuum. Abgebildet sind die Direktionalität der Kommunikation und das Verhältnis von Bestandteilen von Visual Literacy nach Seels (1994)

herrscht in der Literatur weitgehend Einigkeit, dass Visual Literacy *lehr- und lernbare kognitive, teilweise auch affektive, Fähigkeiten umfasst, welche Aspekte …*

a. *des Lesens, Dekodierens und Interpretierens von visuellen Darstellungen,*
b. *des Schreibens, Kodierens und Erschaffens von visuellen Darstellungen sowie*
c. *die Fähigkeit des visuellen Denkens*

beinhalten (Avgerinou 2001; Avgerinou und Pettersson 2011; Serafini 2014). Diese Fähigkeiten lassen sich nicht isoliert von Sinneswahrnehmungen und sensorischen Fähigkeiten betrachten.

Prinzipiell können prozess- und ergebnisfokussierte Herangehensweisen an eine Definition von Visual Literacy unterschieden werden. Beim prozessorientierten Ansatz (Fransecky und Debes 1972; Seels 1994) werden die Handlungen der Agierenden fokussiert (lesen, erkennen, planen, etc.); beim ergebnisorientierten Ansatz liegt der Fokus auf dem Resultat der Handlung (perspektivisch zeichnen können, aus Daten Grafiken erstellen können, etc.). Bei beiden Herangehensweisen lassen sich verschiedene Schwierigkeitsstufen unterscheiden.

Dimensionen von Visual Literacy
Verfolgt man diese Gedankengänge, so wird verständlich, warum zahlreiche Arbeiten davon ausgehen, dass Visual Literacy aus mehreren Facetten oder Dimensionen besteht („group of abilities", Avgerinou 2001), auch wenn dies nicht immer expliziert und von einer „ability of visual literacy" gesprochen wird. Unklarheit herrscht nach wie vor darüber, wie sich die Facetten oder Dimensionen definieren, abgrenzen und operationalisieren lassen.

Brill et al. (2007) proklamieren eine Hierarchie von fünf Einzelkompetenzen mit aufsteigender Komplexität: Unterscheiden (engl. discriminate), Erzeugen (create), Verstehen (comprehend) und Wertschätzen (appreciate) von Visualisierungen sowie das Hervorbringen mentaler Vorstellungen ohne externale Repräsentierung (conjure). Diese Einzelfacetten wurden von Brill et al. durch eine Delphi-Befragung unter Visualisierungsexperten ermittelt, jedoch nicht operationalisiert. Die umfangreichste und zudem einzige empirische Untersuchung zu den Dimensionen von Visual Literacy resultierte in der Entwicklung eines Visual Literacy Index (Avgerinou 2001). Die von Avgerinou identifizierten Fähigkeiten oder Fertigkeiten (abilities, skills) sind auf abstrakter Ebene, d. h. fach- und bereichsunspezifisch, definiert und wurden mit konkreten Visualisierungsbeispielen einem empirischen Test unterzogen. Für elf aufgelistete Fähigkeiten, siehe Tab. 2.1, ergab sich eine zufriedenstellende faktorielle Validität. Eine zwölfte Fähigkeit, das Visuelle Erinnern, konnte hingegen nicht trennscharf abgegrenzt werden.

Tab. 2.1 Visual Literacy Index von Avgerinou (2009, S. 29 f.; 2001, S. 222 & 414 ff.) und seine Bedeutung für den didaktischen Kontext

	Komponente des Index (VL ability)	Beschreibung (Avgerinou 2009)	Bemerkung für den didaktischen Kontext
1	Knowledge of Visual Vocabulary	Kenntnis der Grundbausteine (d. h., Punkte, Linien, Formen, Raum, Textur, Licht, Farbe, Bewegung) visueller Sprache	Grundlegende Voraussetzung
2	Knowledge of Visual Conventions	Kenntnis der visuellen Zeichen und Symbole und ihrer sozial vereinbarten Bedeutung (innerhalb der westlichen Kultur	Teilweise fach- und disziplinspezifisch
3	Visual Thinking	Fähigkeit, jegliche Informationen in Bilder, Grafiken oder Formen umzuwandeln, um Information zu kommunizieren und vermitteln; internaler, mentaler Prozess	Messbar sind nur externale Resultate
4	Visualization	Prozess, durch den ein mentales Bild gebildet wird	Messbar sind nur externale Resultate
5	(Verbo-) Visual Reasoning	Kohärentes und logisches Denken mittels Bildern	Messbar sind nur externale Resultate
6	Critical Viewing	Anwendung kritischen Denkens auf Visualisierungen	Für Lernprozesse zu Beginn der Schulzeit eher sekundär, für höhere Stufen essentiell
7	Visual Discrimination	Fähigkeit, Unterschiede zwischen zwei oder mehr visueller Stimulierungen wahrzunehmen	Grundlegende Voraussetzung, vgl. Gestaltpsychologie
8	Visual Reconstruction	Fähigkeit, eine teilweise verdeckte visuelle Nachricht gemäß ihrer originalen Form wiederherzustellen	Parallelen insb. zur Gestaltpsychologie
9	(Sensitivity to) Visual Association	Fähigkeit, visuelle Bilder, die ein einheitliches Thema darstellen, zu verbinden. Ebenso (Sensitivity to) Verbo-Visual Association: Fähigkeit, verbale Mitteilungen und ihre visuellen Repräsentierungen (und umgekehrt) zu verknüpfen, um ihre gemeinsame, erweiterte Bedeutung zu erfassen	Text-Bild-Integration, Bildverknüpfungen
10	Reconstructing Meaning	Fähigkeit zu visualisieren und verbal (oder visuell) die Bedeutung einer visuellen Nachricht auf Basis gegebener, unvollständiger Information wiederherzustellen	Text-Bild-Integration, Bildverknüpfungen
11	Constructing Meaning	Fähigkeit, für eine visuelle Nachricht auf Basis gegebener visueller (und vielleicht verbaler) Information Bedeutung zu konstruieren	Kernziel der rezeptiven Komponente

Multiple Visualisierungen
Untersuchungen zu schulischen Lernprozessen mit Visualisierungen legen den Schwerpunkt häufig auf multiple Visualisierungen oder Repräsentationen (Jong et al. 1998; Ainsworth 1999, 2006; van der Meij 2007), i. d. R mit Fokus auf Mathematik und Naturwissenschaft. Während Jong et al. die Dimensionen der Visualisierungen selbst ins Zentrum rücken (Perspektive, Genauigkeit, Ausführungsart, Ausprägung, Schwierigkeitsgrad), beschreiben Ainsworth und van der Meij Funktionen multipler Visualisierungen und nötige Kompetenzen auf Seiten der Lernenden. Demnach müssen Lernende das Darstellungsformat kennen, die Beziehung zwischen der Repräsentation und dem Fachbereich verstehen, geeignete Repräsentationen auswählen sowie selbst erstellen können (Ainsworth 2006). Laut Ainsworth ist es unwahrscheinlich, dass eine einfache Beziehung zwischen gelingender Rezeption und der Produktion von Visualisierungen besteht.

Fazit
Zusammenfassend lässt sich festhalten, dass bei der Verwendung des Begriffs Visual Literacy sowie in entsprechenden Untersuchungen die Kompetenz- und Fähigkeitsorientierung des Konzepts hervorgehoben wird. Der elaborierte rezeptive und produktive Umgang mit Visualisierungen über das intuitive Wahrnehmen bildlicher Darstellungen hinaus kann als Wegbereiter zu tiefergehenden und auch selbstständig erworbenen Bildungserfolgen verstanden und fokussiert werden. Durch das Verständnis von Visual Literacy als grundlegend facettenreiche, aber lehr- und lernbare kognitive Fähigkeit wird die Notwendigkeit einer Didaktik zu Visualisierungskompetenz postuliert.

Visualisierungskompetenz 3

Visualisierungen und Visualisierungskompetenz sind für die Aneignung höheren, abstrakten Bildungswissens ebenso wie für ein differenziertes Umgehen mit visualisierten Inhalten im Sinne gebildeter und mündiger Bürger zentral. Ab einem bestimmten Anspruchsgrad von Visualisierungen und ihres Kontextes muss davon ausgegangen werden, dass Menschen – vor allem junge Menschen – allein durch die Konfrontation mit Visualisierungen und Bildmaterial nicht zielgerichtet lernen und kein vollständiges oder differenziertes Verständnis der dargestellten Inhalte entwickeln können. Entsprechend muss Visualisierungskompetenz erlernt, geübt und weiterentwickelt werden. Wenngleich es sich aufgrund der vielfältigen Nutzbarkeit und Anschlussfähigkeit bei Visualisierungskompetenz auch um einen Aspekt der Allgemeinbildung handelt, gliedert sich Visualisierungskompetenz in einen Kanon geforderter Kompetenzen ein (wie z. B. auch Computer Literacy, Information Literacy, Scientific Literacy etc.).

3.1 Empirische Kompetenzerfassung

Neben Anforderungen an die Gestaltung der Visualisierungen selbst bedarf es zielgerichteter Untersuchungen zu den erforderlichen und tatsächlich vorhandenen Fähigkeiten auf Seiten der Schülerinnen und Schüler im Umgang mit Visualisierungen. Trotz oder besonders wegen einer fehlenden Dichotomie von Visualisierungskompetenz (im Gegensatz zu Lesefähigkeit, bei deren Fehlen von Analphabetismus gesprochen wird) ergeben sich für die formale Bildung und Forschung in Bezug auf Visualisierungskompetenz drei Konsequenzen: Es besteht Bedarf an

© Springer Fachmedien Wiesbaden 2016
S. Wafi, M. A. Wirtz, *Visualisierungskompetenz in didaktischen Kontexten,*
essentials, DOI 10.1007/978-3-658-11134-2_3

1) der Entwicklung und empirischen Fundierung fachbezogener Theorien zu Visualisierungskompetenz,

2) der Umsetzung zielgerichteter Lernmaterialien, Lernumgebungen und Lernkontexte zur Herausbildung und Weiterentwicklung individueller Visualisierungskompetenz und

3) der Erfassung und Diagnostik vorhandener Visualisierungskompetenz – sowohl zu individualdiagnostischen Zwecken (zur Modifikation, nicht Selektion) als auch aus Gründen der Bewertbarkeit und Effizienzmessung von Lernumgebungen und Lernprozessen.

Alle drei Forderungen – theoretische Modelle, Lern- und Entwicklungsgelegenheiten sowie praxistaugliche Diagnoseinstrumentarien für Visualisierungskompetenz – sind im Kontext der empirischen Ausrichtung des Bildungssystems zu sehen. Seit der zweiten empirischen Wende und spätestens seit Veröffentlichung der Ergebnisse der ersten PISA-Studie ist das Bildungswesen im deutschsprachigen Raum durch wachsendes Interesse an der Modellierung und empirischen Erfassung von Schülerleistungen gekennzeichnet (Hartig et al. 2007). Die unter dem Stichwort Kompetenzerfassung oder Kompetenzmessung durchgeführten Untersuchungen werden aus Gründen einer zunehmend ausgeprägten Ergebnisorientierung in der Bildungspolitik sowie des Umgangs mit Heterogenität (von Schülerinnen und Schülern ebenso wie der Umwelt) verfolgt. Bestrebungen zur Erfassung von Visualisierungskompetenz im Rahmen der empirischen Schul- und Unterrichtsforschung entsprechen somit dem Vorgehen in anderen Kompetenzbereichen.

Während Lesekompetenz (Artelt et al. 2007) sowie mathematische und naturwissenschaftliche Kompetenzen heute als gut untersucht gelten – sowohl in Bezug auf theoretische Modelle, die Entwicklung von validen Messinstrumentarien auf verschiedenen Schwierigkeitsstufen (z. B. durch die PISA-Untersuchungen oder durch Leseverständnistests wie SLS oder FLVT) als auch die Kompetenzerfassung selbst (PISA-Untersuchungen mit Quer- und Längsschnittvergleichen) – gilt dies nicht gleichermaßen für Visualisierungskompetenz. Aspekte von Visualisierungskompetenz werden im Rahmen bestehender Untersuchungen zwar aufgegriffen; so sind Visualisierungen auch Bestandteil von PISA-Aufgaben. Jedoch existieren weder Tests noch Diagnoseinstrumentarien, welche Kompetenzen im Umgang mit Visualisierungen und ihrer Verarbeitung separat und trennscharf erfassen können. Die Rezeption von Visualisierungen als Einflussgröße in Lehr- und Lernprozessen ist bisher weder fachübergreifend noch fachspezifisch oder fachdidaktisch untersucht; es besteht somit ein Forschungsdefizit (Presmeg 2006).

3.2 Diagnostik und Diagnoseinstrumentarien

Bestrebungen zur diagnostischen Erfassung von Visualisierungskompetenz sind in der pädagogischen Diagnostik eingebettet. Dabei geht es um das Erfüllen eines praktischen Auftrags innerhalb des Bildungssystems (Krohne und Hock 2015). Durch Diagnostizieren lassen sich Fehlvorstellungen erkennen, so dass gezielt mit typischen Fehlern gearbeitet werden kann, um Defizite bei Schülerinnen und Schülern zu beheben. Im Sinne der pädagogischen Diagnostik werden bei Lernenden Bedingungen planmäßiger Lehr- und Lernprozesse ermittelt und weitergehend auch Lernprozesse analysiert und Lernergebnisse festgestellt, um das individuelle Lernen zu optimieren (Ingenkamp und Lissmann 2008). Diagnostizieren ist somit als ein Handlungs- und Entscheidungsprozess zur Förderung des Verständnisses und der individuellen Ausprägung von Visualisierungskompetenz bei Schülerinnen und Schülern zu verstehen, um schließlich Interventionskonzepte entwickeln, umsetzen und bewerten zu können.

Zur Umsetzung muss auf Methoden der pädagogischen Diagnostik zurückgegriffen werden, zu denen Verhaltensbeobachtung, Befragungsmethoden und Testmethoden gehören (Ingenkamp und Lissmann 2008). Da Visualisierungskompetenz mentale, teilweise unbewusste Prozesse involviert (wie in Kap. 2 dargestellt), ist bei diesen drei methodischen Ansätzen von den Testmethoden die höchste Validität zu erwarten. Tests sind hier nicht im Sinne der Schulleistungsdiagnostik (wie mündliche und schriftliche Prüfungen) zu verstehen, sondern ähnlich zur Entwicklungs- und Intelligenzdiagnostik aufzufassen (wie Tests zur Ermittlung von Lese- und Rechtschreibschwäche hier als Tests zur Ermittlung von Defiziten der Visualisierungskompetenz).

Auf internationaler Ebene führten die Untersuchungen von Avgerinou zur Entwicklung des Visual Literacy Index (Kap. 2.3), einem ersten diagnostischen Ansatz zur Erfassung generischer Visualisierungskompetenzen.[1] Zur Entwicklung eines empirisch verifizierten Modells von Visualisierungskompetenz ist prinzipiell ein mehrschrittiges Vorgehen notwendig, in dessen Rahmen eine Itemkonstruktion und Testentwicklung stattfindet (Terzer et al. 2013). Typischerweise erfolgt zunächst literatur- und/oder expertenbasiert eine theoretische Fundierung, zu der anschließend ein Test konzipiert wird. Dem theoretischen Modell entsprechend wird zunächst die Itemkonstruktion systematisiert, dann eine Konstruktionsanleitung für die Items entwickelt und anschließend eine größere Anzahl inhaltsvalider Items hergeleitet. Die Items werden in Pretests mit Experten und einer Stichprobe

---

[1] Kenntnisse über die empirische Erfassung oder einen schulischen Einsatz sind bei den Autoren nicht vorhanden.

aus der anschließend zur Erhebung herangezogenen Population erprobt und psychometrisch getestet. Die daraus selektierten und überarbeiteten Items werden in einen Fragebogen integriert, worauf das Erhebungsdesign festgelegt wird und objektive, reliable und valide Messdaten erhoben werden können.

Wird dieses Vorgehen für die Modellierung von Visualisierungskompetenz verwendet, geht man davon aus, dass ein entsprechender Test die kognitiven Voraussetzungen und Fähigkeiten, nicht den eigentlichen, momentanen Umgang mit Visualisierungen oder angewendete Strategien erfasst. Insbesondere wird Visualisierungskompetenz als Eigenschaft bzw. Zustand verstanden, nicht als Lern- oder Problemlöseprozess. Visualisierungskompetenz zeichnet sich dann als Kompetenz im Umgang mit (informierenden) Bildern aus, unabhängig davon, wie gut diese gestaltet und wie optimal diese in Bezug auf Klarheit und Informativität sind. Das standardisierte Vorgehen besteht darin, mehrere konkurrierende Theoriemodelle zu entwickeln und diese empirisch zu vergleichen, wobei von der Passgenauigkeit der Modelle auf Dimensions- und Itemebene über die erhobenen Daten auf die Validität der Modelle und Items zurückgeschlossen wird.

3.3 Kompetenzstrukturmodell

Als Theoriemodelle werden allgemein Kompetenzniveau- und Kompetenzstrukturmodelle unterschieden. Kompetenzniveaumodelle zielen darauf ab zu erfassen, was verschiedene Personen können und welche spezifischen Anforderungen sie zu bewältigen in der Lage sind; sie werden vor allem zum Zweck der Evaluation und Outputmessung eingesetzt (Hartig et al. 2007). Bei Kompetenzstrukturmodellen hingegen geht es um die Beschreibung, durch welche und wie viele Dimensionen sich interindividuelle Unterschiede in den Kompetenzausprägungen am treffendsten beschreiben lassen. Kompetenzstrukturmodelle sind ein wichtiges Mittel zur differenzierten Diagnostik und zur Modifikation und Förderung der Kompetenzausprägung.

Ein mögliches Strukturmodell von Visualisierungskompetenz, welches erforderliche Kompetenzen zur lernförderlichen Verarbeitung von Visualisierungen in disziplinübergreifender Anwendungsperspektive umfasst, ist in Abb. 3.1 dargestellt. Demnach besteht der Konstruktbereich aus einer rezeptiven und einer produktiven Komponente, welche sich wiederum in vier Kompetenzfacetten oder Dimensionen aufteilen lassen (Details und Beispiele sind in Wafi und Wirtz (2015) erläutert):

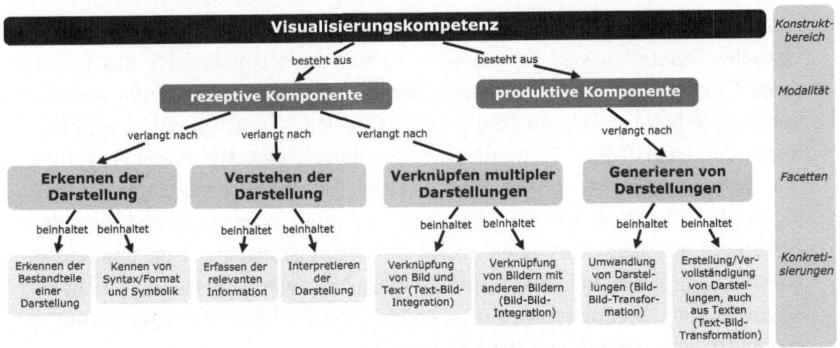

Abb. 3.1 Expertenbasiertes Strukturmodell von Visualisierungskompetenz (Wafi und Wirtz 2015)

1) „Erkennen der Darstellung" bezeichnet das Erkennen der in einer Visualisierung abgebildeten Bestandteile sowie Kennen ihrer fachspezifischen Syntax und Symbolik (wie Winkelzeichen und Wurzelzeichen). Dazu gehören beispielsweise das Finden und Benennen von Bildelementen und das Ablesen von Einzelinformationen aus Grafiken. Erkennen gilt dabei gleichermaßen für realistische wie logische Bildelemente (wie Koordinatensysteme, Säulen-/Kreisdiagramme, Mindmaps).

2) „Verstehen der Darstellung" bezeichnet inhaltliches Begreifen des in einer einzelnen Visualisierung dargestellten Sachverhalts durch (1) Erfassen der relevanten Information und (2) Interpretation ihrer Bedeutung. Zum Erfassen der relevanten Information gehören die Vollständigkeit der erfassten Information (sofern diese relevant ist) und die Fähigkeit zur Unterscheidung von relevanten und irrelevanten (dekorativen) Bestandteilen einer Visualisierung.

3) „Verknüpfen multipler Darstellungen" bezeichnet das Verbinden mehrerer Visualisierungen oder von Visualisierungen und Texten in Bezug auf Verstehen ihrer Beziehung sowie Erschließen des gemeinsamen Bedeutungsgehalts. Es lassen sich zwei Teilaspekte hervorheben: (1) Text-Bild-Integration als Verknüpfen von Text und Visualisierungen und (2) Bild-Bild-Integration als Verknüpfen mehrerer Visualisierungen miteinander. Zu beiden Fällen gehört das Nachvollziehen von Repräsentationswechseln.

4) „Generieren von Darstellungen" bezeichnet eigenständiges Erstellen geeigneter Visualisierungen sowie Vervollständigen bestehender Visualisierungen aufgrund bekannter oder gegebener Sachverhalte. Darunter sind (1) Text-Bild-Transformation, (2) Bild-Bild-Transformation sowie (3) Erstellen von Visualisierungen

aus dem Vorwissen heraus zu verstehen. Unter Text-Bild-Transformation wird visuelles Darstellen von Texten oder Textteilen, beispielsweise das Erstellen eines Clusters aus einem Sachtext oder die grafische Darstellung quantitativer Sachverhalte aus einem Text gefasst. Bild-Bild-Transformation wird häufig durch den Begriff Repräsentationswechsel bezeichnet. Bei hoher Ausprägung der Kompetenzfacette gehört zum „Generieren von Darstellungen" auch die eigene Entscheidung für die geeignete Darstellungsart. Während es sich bei Erstellung aus dem Vorwissen sowie Text-Bild-Transformation um rein produktive Komponenten handelt (da Textverstehen zwar rezeptiv ist, aber nicht zu Visualisierungskompetenz gehört), enthält die Bild-Bild-Transformation eine produktive ebenso wie rezeptive Komponente.

Die inhaltliche Validität des in der Abbildung dargestellten Strukturmodells fußt auf einer empirischen Expertenvalidierung (Fachdidaktiker, Fachwissenschaftler, Pädagogen, Psychologen), die insbes. die konzeptuell erschöpfende Betrachtung des Inhaltsspektrums in schulischen Kontexten berücksichtigt. Die Struktur des Modells spiegelt die Expertenmeinungen konsistent wider. Die empirische Validierung der Konstruktstruktur auf Basis von Schülerleistungen erfolgt in einem nächsten Schritt über die Modellierung und Prüfung mittels konkurrierender probabilistischer Testmodelle (Item-Response-Theorie; Hartig et al. 2007): Hierdurch kann ein validiertes Instrumentarium für Visualisierungskompetenz zu diagnostischen, förderorientierten und evaluativen Zwecken in Schulkontexten bereitgestellt werden.

Relevanz für die Praxis und didaktische Konsequenzen 4

Grundlage der folgenden Ausführungen ist, dass typischerweise keine eindeutige, alleingültig richtige visuelle Darstellungsweise von Gegebenheiten, Konzepten und Daten existiert[1]. Diese axiomatisch anmutende Basis impliziert eine Vielfalt an Gestaltungsmöglichkeiten von Visualisierungen. Unstrittig ist dabei, dass sich einzelne visuelle Darstellungen in Bezug auf ihre Verständlichkeit und Situationsangemessenheit unterscheiden können. Orientierungshilfe bei der Erstellung und Gestaltung von Visualisierungen und Lernumgebungen bieten die kognitionspsychologischen und theoretischen Hintergründe. Aus den in Kap. 2 beschriebenen Grundlagen und disziplinübergreifenden Betrachtungen lassen sich didaktische Konsequenzen ableiten, die im Folgenden erläutert, exemplarisch dargestellt und fachspezifisch sowie fächerübergreifend verortet werden. Diese betreffen einerseits Orientierungsgrundlagen für die Erstellung und Entwicklung von Informations- und Lernkontexten (z. B. im Rahmen von Lehrmaterialgestaltung, Postererstellung, Webseitengestaltung), andererseits den fachspezifischen ebenso wie fachübergreifenden Umgang mit Visualisierungen in vorwiegend schulischen Kontexten.

4.1 Gestaltung didaktischer Visualisierungen und multimedialer Lernumgebungen

Zur Ausgestaltung visueller Mitteilungen liefern die Gestaltprinzipien (Kap. 2.1) wertvolle Hinweise. So sind beispielsweise die Klarheit von Visualisierungen durch erleichterte Erkennbarkeit der grafischen Elemente zu ermöglichen, das

---

[1] Selbst bei realistischen Abbildungen wie Fotos wird zwar die Wirklichkeit abgebildet, dennoch gibt es vielfältige Gestaltungsmöglichkeiten (Perspektive, Helligkeit, Fokus, etc.).

© Springer Fachmedien Wiesbaden 2016
S. Wafi, M. A. Wirtz, *Visualisierungskompetenz in didaktischen Kontexten,*
essentials, DOI 10.1007/978-3-658-11134-2_4 27

Zusammengehören von Komponenten durch gleiches Aussehen oder räumliche Nähe zu erreichen und Beschriftungen der visuellen Elemente eindeutig zu gestalten. Für die Erstellung von Visualisierungen (im Sinne informierender Bilder nach Weidenmann) selbst sollten stets die darzustellenden Informationen prägnant im Vordergrund stehen. Relevante automatisierte Verarbeitungsprinzipien sollten bewusst reflektiert werden, um die Verarbeitungsprozesse im Sinne der optimalen Informationsextraktion zu unterstützen. Dabei gilt, dass weniger (oft) mehr ist: unnötige Elemente können von den eigentlichen Informationen ablenken und das Herauslesen von Daten, Informationen und Zusammenhängen (gestaltidentifizierende mentale Organisation) erschweren.

Die inhärente Gestaltungsfreiheit bei der Erstellung (Produktion) von Visualisierungen hat entsprechend zwei Konsequenzen: 1) Auf der produktiven Seite sollte darauf geachtet werden, Visualisierungen unmissverständlich zu beschriften, semantisch eindeutige visuelle Merkmale zu verwenden sowie fehlende Zusammenhänge nicht vorzutäuschen und so dem potenziellen Aufkommen von Fehlinterpretationen entgegenzuwirken. Dementsprechend ist unter anderem von ungeschickten Achsenskalierungen oder Fehlindikatoren abzusehen (außer diese werden bewusst gewählt). Dies setzt voraus, dass der Bildproduzent klar das entsprechende Ziel der visuell basierten Informationsvermittlung definiert und optimale gestalterische Prinzipien und Techniken einsetzt (Korrespondenz didaktischer Intention und Bildgestaltung). 2) Auf der rezeptiven Seite sollte der Umgang mit Visualisierungen, welche diesen Richtlinien *nicht* entsprechen, gezielt geübt werden. Die Thematisierung und unterrichtliche Behandlung entsprechender suboptimaler Visualisierungen sollte aus drei Gründen Bestandteil schulischer Ausbildung sein: Erstens ist nicht davon auszugehen, dass Schülerinnen und Schüler im Schulunterricht ebenso wie Alltag nur mit optimal gestalteten Visualisierungen in Kontakt kommen. Sie sollten deswegen mit Visualisierungen verschiedener Qualität umgehen können. Zweitens zeigen sich gerade im Umgang mit suboptimal gestalteten Visualisierungen die vorhandenen Visualisierungskompetenzen oder auch entsprechende Defizite, an denen anschließend bewusst gearbeitet werden kann. Drittens ist nicht auszuschließen, dass trotz aller Richtlinien für gute Visualisierungen (Wileman 1993; Ballstaedt 1997; Tufte 2001) Präferenzen auf Schülerseite bestehen, welche objektiv nicht immer eindeutig sind, sich aber dennoch auf die Kompetenzen im Umgang mit Visualisierungen auswirken.

Neben diesen Gestaltungsprinzipien für Visualisierungen ergeben sich aus den kognitionspsychologischen Ansätzen (Kap. 2.2) auch Hinweise für die Integration und Präsentation verschiedenartiger multimedialer Inhalte, vor allem von Texten und Bildern. Die Text-Bild-Integration als Fähigkeit, textuelle und visuelle Darstellungen als integrierte Bestandteile von Lerninhalten zu verwenden, muss als wichtiger Aspekt im Zusammenhang mit Visualisierungskompetenz berücksichtigt werden. Sowohl die Cognitive Load Theorie als auch die Theorie des Multimedialernens betonen unter anderem die Bedeutung der räumlichen Nähe zwischen lernrelevantem Text und zugehörigen Abbildungen. Zu den grundlegenden Gestaltungsprinzipien gehören (Mayer 2014; Schnotz 2005, die Referenzen enthalten auch Verweise auf einzelne Studien):

Kohärenz und Kontiguität Informationserfassung und Lernen werden erleichtert, je enger die semantische Beziehung zwischen Texten und Bildern ist (Kohärenz) und je näher beide Informationsquellen räumlich und zeitlich beieinander präsentiert werden (Kontinguität). Nach den Annahmen von Mayer und Schnotz kann ein gemeinsames mentales Modell nur bei bestehender semantischer Beziehung zwischen Text und Bild erstellt werden. Um dies zu erreichen, müssen beide Teile im Arbeitsspeicher vorhanden sein. Aufgrund der beschränkten Kapazität des Arbeitsspeichers ist eine räumliche und zeitliche Nähe der Informationsrepräsentationen dabei vorteilhaft, da visuelle Suchprozesse dann reduziert werden und Entsprechungen prägnanter hervortreten. Gesprochene Erläuterungen sollten somit beispielsweise zeitgleich mit den dazugehörigen Bildern präsentiert werden und Bilder direkt neben dem sie beschreibenden Text abgebildet sein. Die Kohärenz von Text- und Bildinformationen sollte explizit hergestellt werden.

Modalität der Inhalte Bessere Lernerfolge können erzielt werden, wenn Bilder mit gesprochenem statt geschriebenem Text präsentiert werden. In derartigen multisensorisch geprägten Situationen muss die Aufmerksamkeit nicht geteilt werden, da visuelle und auditive Informationen parallel aufgenommen und verarbeitet werden können. Anders ist dies im Fall von Bildern mit geschriebenem Text, da das Prinzip der geteilten Aufmerksamkeit (split-attention) eintritt: die Informationsverarbeitung wird selektiv, weil sich das Auge entweder am Bild oder am Text, nicht aber an beiden gleichzeitig orientieren kann. Zugleich schneidet die gleichzeitige Präsentation von Bildern und gesprochenem Text besser als die sequentielle Präsentation von Bildern und geschriebenem Text hintereinander ab, da bei letzterem die beschränkte Kapazität des Arbeitsspeichers ein Beschränkungsmerkmal darstellt. Negative Folgen des Prinzips der geteilten Aufmerksamkeit werden auch bei Animationen anstelle von statischen Bildern aufgrund der Flüchtigkeit der präsentierten Information deutlich.

Reihenfolge von Text und Bildern (Sequencing) Sind Bilder zu groß oder komplex um zeitgleich mit erklärendem Text präsentiert zu werden (sie erlauben in diesem Fall keine temporale Kontiguität), sollten Bilder *besser* vor als *nach* dem

Text präsentiert werden. Dies lässt sich anhand der kognitionspsychologischen Modelle erklären. So lässt jede Beschreibung aufgrund von Un- oder Unterbestimmtheit Raum für Variationen: ein Text kann eine Gegebenheit nicht mit so vielen Details darstellen, wie ein Bild oder ein einzelnes mentales Modell dies zu vermitteln vermag. Wenn ein mentales Modell nur aufgrund verbaler oder textueller Beschreibungen erstellt wird, wird das Modell sich immer von der Visualisierung unterscheiden. Entsprechende Störungen können vermieden werden, wenn das Bild vor dem Text präsentiert wird (Effekt der Bild-Text-Reihenfolge).

Lesefähigkeit und Vorwissen Lernende mit unzureichend ausgeprägten Lesefähigkeiten oder geringem Vorwissen profitieren im Allgemeinen stärker von der zusätzlichen Präsentation von Bildern zu erklärenden Texten. Ist eine internale Informationsquelle nicht ausreichend ausgeprägt, werden die anderen Informationsquellen umso wichtiger für die Konstruktion eines mentalen Modells. Bei schlechten Lesern ist davon auszugehen, dass die Kombination von visuellem und verbalem Kanal nicht effizient funktioniert, wodurch das Bildverstehen (durch den visuellen und bildlichen Kanal nach Schnotz) zu Kompensationszwecken eine umso größere Bedeutung erhält.

Kompatibilität der Struktur didaktischer Visualisierungen und mentaler Modelle Didaktische Visualisierungen können als repräsentationale Zwischenstufe zwischen realistischen Bildern und abstrakte(re)n kognitiven Repräsentationen (mentale Modelle) fungieren (z. B. Darstellung des Prozesses des Wasserkreislaufs in Form eines Kreises mit Pfeilen und erläuternden Textelementen). Hierdurch kann die Bildung einer adäquaten konzeptualisierten mentalen Repräsentation unterstützt werden (z. B. Kreis unterstützt die Wahrnehmung des Prozesses als kontinuierlich und wiederholend; Pfeile unterstützen den Prozesscharakter; Beschriftungen unterstützen die konzeptuelle Segmentierung und Strukturierung). Jeder didaktischen Visualisierung sollte ein klares Verständnis des Lern- bzw. Informationsgewinnungsziels zugrunde liegen und die Darstellungselemente sollten im Hinblick auf ein Modell optimaler mentaler Repräsentation ausgewählt werden. Optimal in dem Sinne, dass die valide Modellbildung gefördert wird und Fehlvorstellungen vermieden werden.

Auch ohne Vollständigkeit stellen diese Orientierungsgrundlagen wichtige Prinzipien für die Gestaltung von Lehr- und Lernmaterialen sowie von Lernumgebungen dar. Merriënboer und Kester (2005) verorten die erwähnten Gestaltprinzipien primär bezüglich nötiger prozeduraler Information, welche in Lernumgebungen zur Verfügung stehen sollte. Die Autoren weisen die erwähnten Prinzipien primär der entsprechenden Komponente prozeduraler Information in ihrem Vier-Komponenten-Instruktionsdesign-Modell (4C/ID) zu. Das 4C/ID-Modell wurde für das Üben und Erlernen von komplexen kognitiven Fertigkeiten – ohne speziellen Fokus auf Visualisierungen – entwickelt und beschreibt Prinzipien, deren Erfüllung mit erfolgreichen Lernprozessen assoziiert ist; dazu zählen auch Lernprozesse, welche Visualisierungen involvieren. Als wichtig erachten die Autoren neben prozeduraler Information auch unterstützende Informationsprozesse, insbesondere das Redundanzprinzip, wonach – entgegen der Erwartung – das Zeigen redundanter Information negativen Einfluss auf Lernprozesse hat. Da Lernende erst herausfinden müssen, dass die dargestellten Informationen aus verschiedenen Quellen tatsächlich redundant sind, benötigen sie dafür kognitiv anspruchsvolle Prozesse, die keinen Beitrag zum sinnvollen Lernen leisten. Entsprechend sollten visuelle Informationen auch nicht auf verschiedene Weise redundant für Lern- und Wissensvermittlungsprozesse präsentiert werden (wenngleich in gezielten Übungsaufgaben wenig entgegenspricht). Von einer positiven Wirkung ist andererseits sowohl bei Selbsterklärungen als auch der Wahl der eigenen Lerngeschwindigkeit auszugehen. Beide treffen auch für den Umgang mit Visualisierungen zu, denn sie tragen zu einem tieferen Verständnis der Information bei.

Aufgrund der Verfügbarkeit verschiedener Visualisierungstechnologien allein ist der eigentliche Einsatz von Visualisierungen jedoch nicht immer gerechtfertigt (Mayer 2014). Für die Aneignung von Wissen ist es beispielsweise nicht immer hilfreich, Texte mit Visualisierungen auszustatten, da sich unvorteilhafte Darstellungen auch nachteilig auf die Herausbildung passender mentaler Modelle auswirken können (Schnotz und Bannert 2003; Watkins et al. 2004). Jedoch sind wirkungsvolle kognitive Techniken und Strategien für die Text-Bild-Integration in Abgrenzung zum Umgang mit Texten notwendig, z. B. zum eigenständigen Verbinden und Vergleichen von verbalen und visuellen Einheiten oder Visualisieren von Text und Verbalisieren von Bildern. Ploetzner et al. (2013) diagnostizieren hier ein Forschungsdefizit. Visuelle Elemente erzielen beim Lehren und Lernen jedoch im Allgemeinen positive Ergebnisse. Die Resultate können dabei vom Vorwissen der Lernenden (ChanLin 1998; McKay 1999), jedoch nicht unbedingt von ihren Visualisierungspräferenzen (Smaldino und Russell 2005) abhängen.

4.2 Visualisierungskompetenz in fachspezifischen Bereichen

Während aus der Perspektive der Psychologie, Kognitionspsychologie und des Multimedialernens der Fokus auf der *Rezeption* von Visualisierungen bzw. der Integration von bildlichen und textuellen Informationen liegt, ergeben sich aus didaktischer und fachspezifischer Perspektive auch Aspekte und Fragen bezüglich der *Produktion* von Visualisierungen, d. h. der Erzeugung externaler Visualisierungen. Relevant sind produktive Aspekte einerseits im Bereich des Problemlösens, wo im Sinne der Gestalttheorie Probleme durch die Wahl internaler, aber auch externaler Darstellungen gelöst werden sollen (als eine Art heuristische Funktion zum Erkennen der Problemgestalt). Andererseits spielt die Produktion von Visualisierungen für künstlerische, wissenschaftliche und letztlich kreative Denk- und Arbeitsprozesse eine wichtige Rolle, da abstrakte und höhere Denkprozesse immer auch auf bildliche Vorstellungskraft angewiesen sind, die sich erst anschließend external präsentieren und zu Kommunikationszwecken einsetzen lassen.

Teilweise orthogonal zu diesen Betrachtungen sind aus didaktischer Perspektive auch Funktionen von Visualisierungen (meist bei der Rezeption) zu unterscheiden. Sie erlauben die Kategorisierung von Visualisierungen und entsprechend ihren bewussten zielgerichteten Einsatz. Generische Unterscheidungskategorien sind die Dekoration (zu Zwecken der Illustration und Aufmerksamkeitserhöhung), Motivation (z. B. zur Vermittlung eines Schreibimpulses), Kognition (z. B. zur Texterschließung) und Kompensation (Niegemann et al. 2007). Dem kognitiven Bereich lassen sich typischerweise folgende funktionale Unterscheidungsmerkmale von Visualisierungen zuordnen: Visualisierungen in ihrer Funktion 1) als Lernhilfe (teilweise wird auch separat in Verstehenshilfe unterschieden), 2) als Lerngegenstand und 3) als Lernstrategie beschreiben (Ainsworth 2006). Lernhilfen sind typischerweise fachdidaktisch und Lerngegenstände fachlich zu verstehen. Im Falle des Einsatzes von Visualisierungen als Lernstrategie wird eine grafische Strukturierungsform (wie Ablaufschema, Ursachenketten, Venn-Diagramme, Mindmaps oder Cluster) gewählt, die eine bestimmte Form der mentalen Repräsentation erzeugen soll.

Diese allgemeinen Betrachtungen weisen fachübergreifende Anwendbarkeit auf. Sie werden im Folgenden durch fachspezifische Betrachtungen ergänzt. Für einzelne Fachdisziplinen wird teilweise ein erweitertes Verständnis der Visualisierungen selbst (z. B. in der Linguistik) benötigt.

Linguistik, Narratologie, Literaturdidaktik Aus linguistischer Perspektive gehört auch die Erzeugung von Text – das Schreiben selbst, untersucht durch die Semiotik – zur Produktion visueller Darstellungen, da Schrift als zentrale Visualisierungsform von Sprache aufgefasst wird. Sie unterscheidet sich von visuellen nicht-verbalen Erscheinungsformen (wie tabellarische Präsentationen, Syntaxbäumen, Diagrammen, Bildern). Gleichzeitig spielen auch in der Linguistik vielfältige Bildsorten als Bestandteil oder Ergänzung von Texten eine zentrale Rolle (von Stöckl 2004 anschaulich dargestellt, S. 136 ff.). Die Literaturdidaktik und

Narratologie hingegen richten ihren Fokus gezielt auf bildgestützte Unterrichtsmittel (wie Schaubilder und Karten) sowie Unterrichtsgegenstände mit bildlichen Anteilen (insbesondere Comics, audiovisuelle Texte etc.). Im Gegensatz zur Linguistik steht hierbei die rezeptive Komponente im Vordergrund, da im Deutsch- und Sprachunterricht Bilder primär als Sprech- und Schreibanlass dienen. Im Sinne aktiver Lesestrategien literarischer Texte kommen bei der Literaturdidaktik und Narratologie internale und gegebenenfalls auch externale Visualisierungen und ihre Produktion zum Einsatz.

Mathematikdidaktik Während die Fachwissenschaft seit dem vorletzten Jahrhundert auf allen Fachgebieten Formalisierungen und die Loslösung von rein visuellen Betrachtungen anstrebt, sind für die Fachdidaktik Visualisierungen mathematischer Konzepte sowie mathematischer Konstrukte gleichwohl essentiell. Die Mathematikdidaktik präsentiert sich insofern als Sonderfall, als dass zahlreiche Lehr- und Lernkonzepte (zumindest im Schulkontext) inhärent visuell angelegt sind. Dies trifft vor allem auf geometrische Themen zu, wobei beispielsweise auch funktionale Zusammenhänge im Rahmen der Schulmathematik häufig grundlegend mit visuellen Darstellungen wie Graphen und Schaubildern verbunden sind. Mathematische Visualisierungen treten insofern sowohl als Lernhilfe als auch als Lerngegenstand auf. Ein besonderer visueller Aspekt der Mathematikdidaktik und entsprechender Kompetenzen ist das räumliche Vorstellungsvermögen als Voraussetzung für den Umgang mit vielen mathematischen Kontexten. Fachdidaktisch verankert sind zudem der Umgang mit Visualisierungen im Rahmen des Erkennens von Strukturen in Daten, des Verstehens mathematischer Konzepte sowie des Lösens mathematischer Probleme durch Darstellungswahl (Arcavi 2003).

Sachkunde- und Naturwissenschaftsdidaktik Im Sachkunde- und naturwissenschaftlichen Unterricht geht es meist um die Vermittlung (komplexer) Vorgänge in Natur und Technik. Der Text-Bild-Integration kommt dabei ein besonderer Stellenwert zu, ebenso wie der kohärenten Rezeption multipler Repräsentationen (de Jong et al. 1998; Ainsworth 1999, 2006; van der Meij 2007), da sich komplexe Vorgänge und Sachverhalte selten durch einzelne Visualisierungen abbilden lassen. Multiple Visualisierungen können dabei als Informationsergänzung (Darstellung komplementärer Aspekte), Einschränkung der Interpretationsmöglichkeiten oder für tiefere Verständniskonstruktion (zur Förderung von Abstraktionen, Generalisierungen oder zum Erkennen von Relationen) eingesetzt werden. Für die Lernenden bestehen die Herausforderungen darin, das Darstellungsformat (wieder) zu erkennen, die Beziehung zwischen den Visualisierungen und dem Fachbereich herstellen zu können sowie geeignete Visualisierungen auswählen und auch selbst erstellen zu können (Ainsworth 2006).

Kunstdidaktik Die Kunstdidaktik zielt auf die Rezeption und Produktion von Bildern im Rahmen der ästhetischen Erziehung (Peez 2005). Der Bild- und künstlerischen Werksinterpretation auf der einen Seite steht eine stark ausgeprägte produktive Komponente im Rahmen der eigenen künstlerisch-ästhetischen Ausdruckskraft gegenüber. Der Bereich der schulischen Kunstdidaktik ist einer der wenigen Fachbereiche, in dem der Produktion von Visualisierungen eine mindestens so starke Bedeutung wie der Rezeption zugemessen wird.

Als Konsequenz aus den fachspezifischen Betrachtungen lässt sich fächerübergreifend festhalten, dass in Bezug auf Visualisierungskompetenz, ihre Ausprägung und Förderansätze zwei grundlegende Aspekte zu unterscheiden sind: Visualisierungen ermöglichen einerseits einen intuitiven, natürlichen Zugang zu Sachverhalten – in diesem Bereich unterstützen sie Lernprozesse, ohne die Herausbildung und Vermittlung gezielter Kompetenzen im Umgang mit Visualisierungen nötig zu machen. Andererseits sollte – sofern ein klares Bild mentaler Repräsentationen vorhanden ist – durch fachspezifische Diagnostik und entsprechende Fördermaßnahmen die Bildung passender mentaler Modelle gezielt unterstützt werden.

Was Sie aus diesem Essential mitnehmen können

- gestaltpsychologische Grundlagen der Wahrnehmung und Erfassung visueller Inhalte
- Grundlagen der kognitionspsychologischen Verarbeitung visueller und nicht-visueller Informationen
- Konzept von Visualisierungskompetenz und Visual Literacy und ihre Bedeutung für Lernprozesse
- didaktische Ansätze für eine sinnvolle Gestaltung von Lernmaterialen bzw. Lernkontexten und für den lernförderlichen Einsatz von Visualisierungen für (schulische) Lernprozesse

© Springer Fachmedien Wiesbaden 2016
S. Wafi, M. A. Wirtz, *Visualisierungskompetenz in didaktischen Kontexten,*
essentials, DOI 10.1007/978-3-658-11134-2

Literatur

Ainsworth, Shaaron. 1999. The functions of multiple representations. *Computers & Education* 33 (2): 131–152.

Ainsworth, Shaaron. 2006. DeFT: A conceptual framework for considering learning with multiple representations. *Learning and Instruction* 16 (3): 183–198.

Arcavi, Abraham. 2003. The role of visual representations in the learning of mathematics. *Educational Studies in Mathematics* 52 (3): 215–241. doi:10.1023/A:1024312321077.

Artelt, Cordula, Nele McElvany, Ursula Christmann, Tobias Richter, Groeben Norbert, Köster Juliane, et al. 2007. Förderung von Lesekompetenz. Expertise. Hg. v. Bundesministerium für Bildung und Forschung. BMBF. Bonn, Berlin (Bildungsforschung Bd. 17).

Avgerinou, Maria D. 2001. Visual literacy: Anatomy and diagnosis. Dissertation, University of Bath.

Avgerinou, Maria D. 2009. Re-viewing visual literacy in the „Bain d' Images" era. *TechTrends: Linking Research & Practice to Improve Learning* 53 (2): 28–34.

Avgerinou, Maria, und John Ericson. 1997. A review of the concept of visual literacy. *British Journal of Educational Technology* 28 (4): 280–291.

Avgerinou, Maria D., und Rune Pettersson. 2011. Toward a cohesive theory of visual literacy. *Journal of Visual Literacy* 30 (2): 1–19.

Ballstaedt, Steffen-Peter. 1997. *Wissensvermittlung. Die Gestaltung von Lernmaterial*. Weinheim: Beltz, Psychologie-Verl.-Union.

Barry, Ann Marie Seward. 1994. Perceptual aesthetics and visual language. In *Visual literacy. A spectrum of visual learning*, Hrsg. David M. Moore und M. Francis, 113–132. Dwyer Englewood Cliffs: Educational Technology Publications.

Brill, Jennifer M., Dohun Kim, und Robert Maribe Branch. 2007. Visual literacy defined – the results of a delphi study: Can IVLA (Operationally) define visual literacy. *Journal of Visual Literacy* 27 (1): 47–60.

ChanLin, Lih-Juan. 1998. Animation to teach students of different knowledge levels. *Journal of Instructional Psychology* 25 (3): 166–175.

© Springer Fachmedien Wiesbaden 2016
S. Wafi, M. A. Wirtz, *Visualisierungskompetenz in didaktischen Kontexten*,
essentials, DOI 10.1007/978-3-658-11134-2

Curtiss, Deborah. 1987. *Introduction to visual literacy. A guide to the visual arts and communication.* Englewood Cliffs: Prentice-Hall.

Debes, John L. 1970. The loom of visual literacy. In *Proceedings of the first national conference on visual literacy,* Hrsg. Clarence M. Williams und John L. Debes, 1–16. New York: Pitman Publishing Corporation.

Dondis, Donis A. 1973. *A primer of visual literacy.* Cambridge: MIT Press.

Ehrenfels, Christian von. 1988. On „Gestalt qualities". In *Foundations of Gestalt theory,* Hrsg. Barry Smith, 82–117. München: Philosophia.

Fransecky, Roger B., und John L. Debes. 1972. *Visual literacy: A way to learn-a way to teach.* Washington: Association for Educational Communications and Technology.

Hartig, Johannes, Eckhard Klieme, Nina Jude, Astrid Jurecka, Ulf Kröhne, Katharina Maag-Merki, et al. 2007. Möglichkeiten und Voraussetzungen technologiebasierter Kompetenzdiagnostik. Eine Expertise im Auftrag des BMBF. Hg. v. Bundesministerium für Bildung und Forschung. BMBF. Bonn, Berlin (Bildungsforschung Bd. 20).

Ingenkamp, Karlheinz, und Urban Lissmann. 2008. *Lehrbuch der pädagogischen Diagnostik.* 6. neu ausgestattete Aufl. Weinheim: Beltz (Pädagogik).

Jong, T. de, S. Ainsworth, M. Dobson, A. van der Hulst, J. Levonen, P. Reimann, et al. 1998. Acquiring knowledge in science and mathematics: The use of multiple representations in technology based learning environments. In *Learning with multiple representations,* Hrsg. Maarten W. van Someren, 9–41. Oxford: Elsevier Science (Advances in learning and instruction series).

Kanizsa, Gaetano. 1979. *Organization in vision: Essays on gestalt perception.* New York: Praeger.

Krohne, Heinz Walter, und Michael Hock. 2015. *Psychologische Diagnostik. Grundlagen und Anwendungsfelder.* 2. Aufl. Stuttgart: Kohlhammer (Kohlhammer Standards Psychologie).

Mayer, Richard E. 2005. Cognitive theory of multimedia learning. In *The Cambridge handbook of multimedia learning,* Hrsg. Richard E. Mayer, 31–48. Cambridge: Cambridge University Press.

Mayer, Richard E., Hrsg. 2014. *The Cambridge handbook of multimedia learning.* 2. Aufl. Cambridge: Cambridge University Press (Cambridge Handbooks in Psychology).

McKay, Elspeth. 1999. An investigation of text-based instructional materials enhanced with graphics. *Educational Psychology* 19 (3): 323–335.

van der Meij J. 2007. *Support for learning with multiple representations designing simulation-based learning environments.* Enschede: PrintPartners Ipskamp.

van Merriënboer, Jeroen J. G., und Liesbeth Kester. 2005. The four-component instructional design model. Multimedia principles in environments for complex learning. In *The Cambridge handbook of multimedia learning,* Hrsg. Richard E. Mayer, 71–93. Cambridge: Cambridge University Press.

Niegemann, Helmut M., Steffi Domagk, und Silvia Hessel. 2007. *Kompendium Multimediales Lernen.* Dordrecht: Springer (X.media.press).

Paivio, Allan. 1986. *Mental representations: A dual coding approach.* Oxford: Oxford University Press.

Peez, Georg. 2005. *Einführung in die Kunstpädagogik.* 2. überarb. und aktualisierte Aufl. Stuttgart: Kohlhammer (Kohlhammer-Urban-Taschenbücher, Bd. 676).

Ploetzner, Rolf, Richard Lowe, und Sabine Schlag. 2013. A systematic characterization of cognitive techniques for learning from textual and pictorial representations. *Journal of Education and Learning* 2 (2): 78–95.

Presmeg, Norma C. 2006. Research on visualization in learning and teaching mathematics. In *Handbook of research on the psychology of mathematics education: Past, present and future*, Hrsg. Angel Gutiérrez und Paolo Boero, 205–235. Rotterdam: Sense Publishers.

Schnotz, Wolfgang. 2002. Towards an integrated view of learning from text and visual displays. Commentary. *Educational Psychology Review* 14 (1): 101–120.

Schnotz, Wolfgang. 2005. An integrated model of text and picture comprehension. In *The Cambridge handbook of multimedia learning,* Hrsg. Richard E. Mayer, 49–69. Cambridge: Cambridge University Press.

Schnotz, Wolfgang. 2010. Visuelles Lernen. In *Handwörterbuch Pädagogische Psychologie,* Hrsg. D. H. Rost, 927–935. Weinheim: Beltz.

Schnotz, Wolfgang, und Maria Bannert. 2003. Construction and interference in learning from multiple representation. *Learning and Instruction* 13 (2): 141–156.

Seels, Barbara A. 1994. Visual literacy: The definition problem. In *Visual literacy. A spectrum of visual learning*, Hrsg. David M. Moore und Francis M. Dwyer, 97–112. Englewood Cliffs: Educational Technology Publications.

Serafini, Frank. 2014. *Reading the visual. An introduction to teaching multimodal literacy.* New York: Teachers College Press.

Smaldino, Sharon E., und James D. Russell. 2005. *Instructional technology and media for learning. Unter Mitarbeit von Robert Heinich und Michael Molenda.* 8. Aufl. New York: Pearson Education.

Stöckl, H. 2004. *Die Sprache im Bild – das Bild in der Sprache: zur Verknüpfung von Sprache und Bild im massenmedialen Text. Konzepte, Theorien, Analysemethoden.* Berlin: Walter de Gruyter.

Sweller, John. 2005. Implications of cognitive load theory for multimedia learning. In *The Cambridge handbook of multimedia learning*, Hrsg. Richard E. Mayer, 19–30. Cambridge: Cambridge University Press.

Terzer, Eva, Johannes Hartig, und Annette Upmeier zu Belzen. 2013. Systematische Konstruktion eines Tests zu Modellkompetenz im Biologieunterricht unter Berücksichtigung von Gütekriterien. *Zeitschrift für Didaktik der Naturwissenschaften* 19:51–76.

Tufte, Edward R. 2001. *The visual display of quantitative information.* 2. Aufl. Cheshire: Graphics Press.

Wafi, Sammy, und Markus Wirtz. 2015. Visualisierungskompetenz in Deutsch und Mathematik aus Sicht von Expertinnen und Experten der Lehr-/Lernforschung und Fachdidaktik. *Zeitschrift für Interpretative Schul- und Unterrichtsforschung (ZISU)* 4 (im Erscheinen).

Wagemans, Johan, James H. Elder, Michael Kubovy, Stephen E. Palmer, Mary A. Peterson, Manish Singh, und Rüdiger von der Heydt. 2012a. A century of Gestalt psychology in visual perception: I. Perceptual grouping and figure-ground organization. *Psychological Bulletin* 138 (6): 1172–1217. doi:10.1037/a0029333.

Wagemans, Johan, Jacob Feldman, Sergei Gepshtein, Ruth Kimchi, James R. Pomerantz, Peter A. van der Helm, und Cees van Leeuwen. 2012b. A century of Gestalt psychology in visual perception: II. Conceptual and theoretical foundations. *Psychological Bulletin* 138 (6): 1218–1252. doi:10.1037/a0029334.

Watkins, Janet Kelly, Etta Miller, und Doug Brubaker. 2004. The role of the visual image: What are students really learning from pictorial representations? *Journal of Visual Literacy* 24 (1): 23–40.

Weidenmann, Bernd. 1994. Informierende bilder. In *Wissenserwerb mit Bildern. Instruktionale Bilder in Printmedien, Film/Video und Computerprogrammen*, Hrsg. Bernd Weidenmann, 9–58. Bern: Hans Huber.

Wertheimer, Max. 1912. Experimentelle Studien über das Sehen von Bewegung. *Zeitschrift für Psychologie* 61:161–265.

Wertheimer, Max. 1925. Über Gestalttheorie. Vortrag vor der KANT-Gesellschaft, Berlin, am 17. Dez. 1924. *Philosophische Zeitschrift für Forschung und Aussprache* 1:39–60.

Wileman, Ralph E. 1993. *Visual communicating*. Englewood Cliffs: Educational Technology Publications.